普通高等学校交通运输专业规划教材

Guidao Jiaotong Yunying Guanli Xinlixue
# 轨道交通运营管理心理学

邱　欣 **主　编**
陈跃年　杨　青　肖上霖 **副主编**

## 内 容 提 要

本书以旅客运输行业中旅客、客运服务人员与客运管理人员等群体为研究对象,研究旅客旅行心理活动的一般性规律及旅客旅行行为与需求的表现,探讨客运服务人员与客运管理人员从事客运工作过程中的各种心理行为及管理能力与艺术,以期根据时代变迁与发展,对客运服务实行有效管理,提高其服务质量与市场竞争软实力。

**图书在版编目(CIP)数据**

轨道交通运营管理心理学 / 邱欣主编. — 北京:
人民交通出版社股份有限公司,2019.6
ISBN 978-7-114-15530-7

Ⅰ. ①轨… Ⅱ. ①邱… Ⅲ. ①轨道交通—交通运输管理—应用心理学—研究 Ⅳ. ①U293-05

中国版本图书馆 CIP 数据核字(2019)第 087130 号

| | |
|---|---|
| 书　　　名: | 轨道交通运营管理心理学 |
| 著 作 者: | 邱　欣 |
| 责任编辑: | 刘永芬　齐黄柏盈 |
| 责任校对: | 刘　芹 |
| 责任印制: | 张　凯 |
| 出版发行: | 人民交通出版社股份有限公司 |
| 地　　　址: | (100011)北京市朝阳区安定门外外馆斜街 3 号 |
| 网　　　址: | http://www.ccpress.com.cn |
| 销售电话: | (010)59757973 |
| 总 经 销: | 人民交通出版社股份有限公司发行部 |
| 经　　　销: | 各地新华书店 |
| 印　　　刷: | 北京印匠彩色印刷有限公司 |
| 开　　　本: | 787×1092　1/16 |
| 印　　　张: | 9 |
| 字　　　数: | 205 千 |
| 版　　　次: | 2019 年 6 月　第 1 版 |
| 印　　　次: | 2019 年 6 月　第 1 次印刷 |
| 书　　　号: | ISBN 978-7-114-15530-7 |
| 定　　　价: | 28.00 元 |

(有印刷、装订质量问题的图书,由本公司负责调换)

# 前　言

随着我国交通事业的蓬勃发展,旅客运输总量和周转量持续攀升,如何在运输过程中更好地服务旅客,对国民经济发展和社会进步无疑产生重大影响。本书以旅客运输行业中旅客、客运服务人员与客运管理人员等群体为研究对象,研究旅客旅行心理活动的一般性规律及旅客旅行行为与需求的表现,探讨客运服务人员与客运管理人员从事客运工作过程中的各种心理行为及管理能力与艺术,以期根据时代变迁与发展,对客运服务实行有效管理,提高其服务质量与市场竞争软实力。

本书共由六章组成。第一章阐释了心理学的研究内容及其发展,并系统阐述了旅客心理学的概念界定、研究对象以及研究目的、意义与方法。第二章阐述旅客运输中的心理现象,客观揭示了心理学的一般心理过程,具体包括认知过程、情绪情感过程和意志过程等,深入探讨了人格与旅行行为之间的关系,并给出了心理测试案例与分析思路,细致分析了旅客的群体心理及对旅客群体的服务。第三章对常见旅客运输的心理健康和心理异常问题进行了系统分析,研究对象包括旅客、乘务员与客运职工等。第四章系统分析了旅客旅行心理活动的表现行为、旅客旅行的共性心理与服务、旅客旅行的个性心理与服务、旅客对服务的期待和投诉心理等问题。第五章从提供服务的一线工作人员及管理者两个层面进行探究,首先系统分析客运服务人员的工作动机与抱负水平以及客运服务人员主要能力培养,其次从领导行为和激励行为两个方面,针对旅客运输管理人员的管理行为进行了深入分析,并提出了对待问题行为的处理原则与沟通技巧。第六章通过城市轨道交通、传统铁路、城际铁路中的典型服务案例分析,更加具体直观地展现服务技巧和服务意识。

全书的出版是在浙江师范大学"国家发改委轨道交通、智能制造及现代物流产教融合实训基地"项目的支持下完成的,在此深表敬意。全书由邱欣负责统一校稿,杨青、郭莹、刘何音和刘欣瑞等人在案例收集与文字校对方面也倾注了大量心血,在此表示衷心感谢。在编著的过程中,相关作者广泛查阅和引用大量国内外学者的研究成果以及专项研究报告,在此也一并表示感谢。书中不当之处,还敬请专家和读者批评指正,以便我们今后进一步完善改进。本书可供交通运输行业有关从业人员参考使用,也可供大、中专院校师生作为教材使用。

编　者

2019 年 6 月

# 目 录

第一章 绪论 …………………………………………………………………… 1
  第一节 心理学 ……………………………………………………………… 1
  第二节 旅客心理学 ………………………………………………………… 3

第二章 旅客运输的心理现象 ………………………………………………… 12
  第一节 心理过程 …………………………………………………………… 12
  第二节 人格 ………………………………………………………………… 41
  第三节 群体心理 …………………………………………………………… 48

第三章 旅客运输心理健康问题与分析 ……………………………………… 50
  第一节 心理健康和心理异常 ……………………………………………… 50
  第二节 铁路运输中的心理健康问题分析 ………………………………… 55

第四章 旅客旅行心理活动与服务 …………………………………………… 62
  第一节 旅客旅行心理活动概述 …………………………………………… 62
  第二节 共性心理与服务 …………………………………………………… 63
  第三节 个性心理与服务 …………………………………………………… 69
  第四节 服务期望 …………………………………………………………… 80

第五章 客运服务与管理人员的心理修养与行为 …………………………… 96
  第一节 客运服务人员的工作动机与抱负水平 …………………………… 96
  第二节 客运服务人员主要能力培养 ……………………………………… 99
  第三节 旅客运输管理人员的管理行为 …………………………………… 106
  第四节 客运管理人员的问题行为分析 …………………………………… 120

第六章 客运服务工作的要点及案例分析 …………………………………… 125
  第一节 城市轨道交通客运服务 …………………………………………… 125
  第二节 传统铁路客运服务 ………………………………………………… 130
  第三节 城际列车客运服务 ………………………………………………… 133

参考文献 ………………………………………………………………………… 135

# 第一章 绪 论

据《中华人民共和国 2018 年国民经济和社会发展统计公报》统计显示,2018 年我国全年旅客运输总量达 179 亿人次,旅客运输周转量达 34213 亿人公里。其中,铁路旅客运输总量达 33.7 亿人次,公路旅客运输总量达 136.5 亿人次。如此巨量的旅客运输对我国的方方面面都有重要影响,在运输生产中如何服务好旅客对国民经济的发展和社会的进步无疑有重大意义。旅客运输业为旅客提供了具有时间、空间移动需求的运输服务。在运输生产的过程中,旅客运输业与旅客之间建立了直接的服务和被服务的责任关系,旅客对运输需求的满足程度反映了服务质量和服务水平的高低。

## 第一节 心 理 学

### 一、概述

心理学一词来源于希腊文,意思是关于灵魂的科学。灵魂在希腊文中也有气体或呼吸的意思,因为古代人们认为生命依赖于呼吸,呼吸停止,生命就完结了。随着科学的发展,心理学的对象由灵魂改为心灵。

心理学是一门研究人类心理现象及其影响下的精神功能和行为活动的科学,兼顾理论性和应用(实践)性。心理学包括基础心理学与应用心理学两大领域,其研究涉及知觉、认知、情绪、思维、人格、行为习惯、人际关系、社会关系等众多领域,也与日常生活的许多方面,如家庭、教育、健康、社会等具有联系。心理学一方面尝试用大脑运作来解释个体基本的行为与心理机能,另一方面也尝试解释个体心理机能在社会行为与社会动力中的角色。另外,它还与神经科学、医学、哲学、生物学、宗教学等学科有关,因为这些学科所探讨的生理或心理作用会影响个体的心智。实际上,很多人文和自然学科都与心理学有关,人类心理活动其本身就与人类生存环境密不可分。

心理学研究根据涉及的对象和性质,可以分为自然科学研究与社会科学研究;根据涉及的研究领域,可分为基础科学研究与应用科学研究。

1. 自然科学研究与社会科学研究

心理学研究的对象是人的心理现象。心理是人脑这一特殊物质的机能和属性,是心理活动和行为的神经生物学基础,包括不同心理现象的人脑的功能和机制,由脑损伤或疾病引起的心理活动,脑的发育和完善对心理发展的影响,以及遗传在人类行为中的作用等。

心理学还研究如何用计算机来模拟人类的智慧和行为,如知觉和问题解决、概念形成、推理、决策等,这些成果在人工智能的研究中起着重要作用。在这个意义上说,心理学的研究目标和手段与自然科学相似。

人既是生物机体又是社会实体,具有社会属性。在一定社会环境中,人的心理活动的发生和发展离不开社会环境的影响,广泛的、与社会实践相联系的人的心理活动和行为都涉及社会环境对其产生的影响。例如,当孩子离群索居,不与他人交往时,他的语言能力就不可能得到顺利发展,也不可能获得高度发展的思维能力,当然就不可能具有分析问题和解决问题的能力。其实,人的观察力、记忆力、思维力、注意力等,都是在社会实践中形成和发展起来的。此外,心理学还研究社会心理,包括群体中的非正式群体心理等。在这个意义上说,心理学研究具有社会科学性质。

2. 基础科学研究与应用科学研究

心理学研究人脑对客观现实主观反映的规律性,涉及人脑的机能,也涉及人与社会环境之间的相互关系。心理学揭示的人的心理现象是人脑与社会环境、自然与社会现象相互作用、相互影响下发生的最普遍、最基本的现象。因此,心理学要研究人脑这一高度发展了的物质的运动,即在人的活动中产生的感觉、知觉、记忆、思维、情绪、意志等心理活动和行为表现。在这个意义上说,心理学是一门基础科学,它的研究既要从心理活动本身,又要从人脑的机制和功能,还要从社会环境的影响各方面进行。因此,心理学既要研究人的心理过程和人格发生、发展及其变化的一般规律,也要研究人的心理现象发生、发展的神经生理机制和功能,以及个体心理的社会化、个体与社会环境相互作用的规律。

心理学不仅是一门基础科学,还是一门应用科学。由于人的社会实践范围广泛,不同的工作领域、生活方式、文化氛围以及人际关系等,对人的心理活动发生、发展有着不同的作用和影响,心理学要通过揭示实践领域心理活动的规律,帮助人们遵循心理活动规律,有效从事各项社会工作,既有益于自己的心理健康,又促进自身素质的提高。

心理学的应用研究领域迅速扩展并得到高速发展,有两方面的原因。一是生活实际的需要。在多元化的现代社会生活中,人们对自己的心理素养高度重视,人才培养、智力开发等内容更是受到广泛关注。同时,由于社会政治、经济、文化以及科学技术的迅速发展,社会竞争激烈,人们在社会生活、工作、学习中遇到了过去从未碰到过的困惑和挫折,从而产生了许多心理健康方面的问题,这些都推动了心理学应用研究的迅速发展。二是与心理学相关联的学科不断增加,如生理心理学、计算机科学与人工智能、心理逻辑学、语言心理学等,它们与心理学的关系日益密切,在学科之间不断交融的过程中形成了许多新的分支学科,从而大大促进了心理学的发展。

二、现代心理学的发展

1. 心理学是古老的年轻学科

德国心理学家艾宾浩斯(Hermann Ebbinghaus,1908)曾经说过,心理学有一个很长的过去,但却只有一个短暂的历史。因此,心理学是一门既古老又年轻的科学。说它古老,是因为心理学渊源于哲学,而哲学作为系统化、体系化的世界观,已经有两千多年的历史。说它年轻,是因为心理学从正式成为一门科学至今,只有一百多年的时间,与其他学科相比,是一门正在成长的年轻学科。

在心理学整个发展过程中,有人把哲学比喻为心理学的"父亲",把生理学比喻为心理学的"母亲",把生物学比喻为心理学的"媒人"。

(1)哲学对心理学发展的影响

在哲学方面,对心理学发展影响最大的哲学家是古希腊的亚里士多德(Aristotle)、法国的笛卡尔(Descartes)和英国的洛克(John Locke)。亚里士多德在其众多著作中,讨论了人类本性、人类经验的由来,以及感知的运用与记忆功能等问题。笛卡尔的心身二元论观点认为,人类生来就具备产生感官经验的心理功能,认为"心"为"身"之主,身体的一切活动皆由具有理性的"心"所控制。洛克倡导经验主义,认为人类一切知识都来自后天的经验,人生下来时犹如一块白板,并无善恶之分,一切改变均来自后天的经验。他们的哲学思想对心理学的诞生产生了重要影响。

(2)生理学对心理学发展的影响

在生理学方面,19世纪德国三位生理学家的研究,极大地影响了心理学的产生。他们是柏林大学的缪勒(Johannes Peter Muller)、缪勒的学生赫尔姆霍茨(Hermann von Helmholtz)和莱比锡大学的费希纳(Gustav Theodor Fechner)。缪勒主张神经特殊能量说,认为大脑功能是分区专司的,人对外界刺激的感觉与辨别,依赖于不同神经传导所发生的特殊能量。赫尔姆霍茨认为,在人的视觉神经系统中,存在着感受红、绿、蓝三种不同光波的感受器,他还用共鸣原理解释人的听觉现象,至今这些仍是实验心理学中解释色觉和听觉现象的重要基本原理。费希纳创用实验方法,测定了物理刺激变化与心理感受性之间强度及其变化的相对关系,为后来的心理物理学的发展奠定了坚实的基础。

(3)生物学对心理学发展的影响

在生物学方面,19世纪英国生物学家达尔文(Charles Darwin)在其划时代的著作《物种起源》中提出了"物竞天择,适者生存"的进化论思想,使遗传、环境、个别差异、适应等成为心理学研究的主题。

2.心理学是科学性与人文性的统一

联合国教科文组织将心理学列为21世纪重点发展建设的学科之一,主要原因是心理学日益成为人们工作和生活不可或缺的学科,能够产生积极的社会效益。当代我国心理学的应用领域(包括旅客运输)还没有形成一个比较规范、完善的体系,还有许多薄弱环节,应用心理学特别是旅客运输心理学的发展还远未达到成熟阶段。相比于欧洲和北美的一些发达国家,中国的应用心理学还没有真正走向社会的方方面面,没有真正被社会所理解和接受,没有真正做到为社会大众服务。

心理学具有科学性,但心理学更有浓厚的人文性。在强调心理学科学性的同时,应用心理学将会更加关注主体的人性提升、个性发展和人格现代化,人文科学性日益凸显。未来的应用心理学必定走向科学与人文相融合,人文关怀与科学精神的有机统一。而这也是与旅客运输业的发展要求高度契合的。

## 第二节　旅客心理学

### 一、旅客心理学的内涵

旅客心理学是应用心理学的一个分支,是研究旅客运输活动中旅客和旅客运输工作者心理活动规律的科学。其研究重点涉及旅客旅行心理活动的一般性规律及旅客旅行需求的表现,探讨掌握旅客旅行心理活动的方法、加强客运服务人员的心理修养及提高客运管理人员的管理方式与管理艺术等。但旅客心理学相对来说还是一门较年轻的学科,其研究方法和理论仍处于不断发展完善中。

1. 旅客心理学的研究对象

旅客心理学研究的对象包括两个层面：一是运输服务的对象，即旅客；二是运输服务的提供者，即客运服务人员与管理工作人员。

(1) 从运输服务对象的角度看

研究旅客心理学的关键问题是定义旅客的概念。一般而言，旅客是生活在一定的社会环境中的人与旅客运输业相结合的产物。一个人从他进入旅客运输服务系统开始，到他离开旅客运输服务系统为止，即从其购买车票、进入车站乘车到下车验票出站，在这段时间内，他成为一位旅客。旅客心理学是从一个人是否有旅行需要角度来定义旅客的概念：一个社会个体，从其产生旅行需要开始，到其旅行需要消失为止的整个过程，成为旅客运输业的服务对象，即旅客。根据这一定义，具有旅行需要的一切社会中的个体，无论其旅行需要是否成为现实，只要他有旅行需要，就是一位旅客。在旅客旅行需要的产生到旅行需要消失的整个过程中伴随的心理活动，成为旅客心理学研究的核心内容。旅客运输产品的加工和生产过程，就是对旅客的心理活动进行剖析，使其旅行心理需要得到满足的过程。心理需要的满足程度，反映了客运服务质量的高低。因此，从服务对象角度讲，掌握旅客旅行心理活动与需要，使旅客旅行需求得到满足，是客运管理的核心内容。

(2) 从运输服务业的角度看

① 运输服务企业的行为就是人的行为

人是运输服务的直接提供者，运输企业要靠人来实现企业的目标，即使是在未来社会的管理中，最主要的推动力量仍然是由人来实施的管理。随着科学技术的发展，高科技产品在运输服务中得到了普遍应用，但设计和使用这些产品的仍然是人。如何使高科技产品在运输企业中得到广泛应用，从而最大限度满足旅客旅行的需要，这取决于规划者、设计者以及使用者对旅客旅行心理需要的掌握程度。因此，研究运输企业中人的心理行为规律，调动人的积极性，提高运输服务水平，是运输服务企业管理的永恒主题。

② 人是运输企业的首要资源

从现代企业管理的角度来看，在涉及企业的人、财、物资源中，人是最重要的资源。重视人的因素，发挥人的主动精神，挖掘人的潜在能力，是极为重要的管理工作。因此，旅客心理学的研究对象是人，着重研究人的心理行为，对人力资源的充分运用起到重要作用。

③ 人是运输企业管理的主体

现代企业管理强调以人为本，以人为中心。科学技术越发展，越要重视人的因素，建立以人为中心的管理制度。因此，人作为旅客心理学研究的对象，研究运输企业中人的心理活动的规律性、人的行为模式等方面的问题，有助于企业领导更充分了解人的心理规律，使之能在科学分析的基础上，采取科学的管理方法，促使运输企业管理取得最佳的社会效益和企业效益。管理理论与管理实践的发展历史，经历了从以物为中心的管理到以人为中心的管理的发展过程。我国的封建社会之所以经历两千多年稳定发展的历史，一个重要的原因是历代统治者奉行重视对人的管理的治国理念。"水能载舟，亦能覆舟"是封建帝王统治思想的大成。

2. 旅客心理学的研究目的

研究旅客运输服务过程中所涉及的各种人员的心理活动及其规律性，是为了认识人的内心世界及其外部行为表现。通过对内心世界和外部行为表现的了解,主要达成如何从个体角度提高旅客和客运服务人员的素质,以及如何从组织角度管理旅客和客运服务人员两大目的。

(1) 从个体的角度出发提高人的素质

运输企业依靠社会对个体思想、行为、道德的约束和国家法令的制约,提高对个体心理活动规律的认识,进行有针对性的管理,使个体按有利于实现运输企业目标的方向发展。培养人的途径主要涉及以下两个方面。

① 主体的自我修养

主体是指旅客运输服务过程中产生心理活动的人,即旅客和客运服务人员。无论是旅客还是客运服务人员,都应从自己的实情出发,加强自我的心理修养,提高自身的心理素质水平,使自己的思想和行为符合社会的整体要求,并在日常工作中表现出来。

② 客体的外部教育

客体是指影响人心理活动的外界因素。旅客和客运服务人员除了通过自我修养提高心理素质外,还需要接受社会组织和专业人员的教育。为了有效地实施教育工作,社会组织和专业人员需要了解旅客和客运服务人员的心理活动规律。

(2) 从组织的角度出发管理人

在了解人内心活动的规律性之后,才能对旅客和客运服务人员进行有效的管理。运输企业的管理主要包括三方面:

① 满足旅客健康的旅行需要,这是提高服务质量的根本,是企业管理的核心内容。

② 有效地提高客运服务人员的服务水平,这需要从客运服务人员的选用和业务素质的培养和提高等方面着手。

③ 树立运输业的整体形象,提高企业的市场竞争力。

旅客运输管理部门的工作应围绕旅客和客运服务人员的心理而展开,这样才能有针对性地实施管理,提高旅客运输企业的整体服务水平。

## 二、研究旅客心理学的意义

研究和掌握旅客在旅行过程中的心理活动,探索旅客在车站、乘车各个环节和各种旅行环境中的旅行心理及其规律,根本的目的是为了提高服务质量,而服务质量的提高又在很大程度上取决于运输企业服务人员的个人素质和运输企业的整体管理水平。具备和运用旅客心理学知识,可以更好地了解旅客的心理需要,改进客运服务人员的服务方式,科学地组织各种服务措施,最大限度地满足旅客乘车旅行的需要。学习研究旅客心理学的意义,主要体现在以下五个方面:

### 1. 提高客运服务的主动性

一切客观事物都有它自身的发生、发展规律,如果人们能够正确认识和掌握客观事物的规律,按照客观规律办事,就会使自己的工作处于主动地位。同样,旅客运输服务工作也是如此。例如,通勤职工的乘车习惯是招点上车;短途旅客总是要到接近开车时,才来买车票;旅客上车后,急于找座位,下车后,却又匆匆忙忙想先出站;有些旅客不常出门,对旅行信息了解得少,好问询;青、少年旅客喜欢在车站候车厅、车厢内走动等等。这些是一般旅客的正常心理活动,这些心理活动积累多了,我们可以总结出旅客旅行的心理规律。

旅客出门乘车旅行出现的心理活动，是旅客在旅行过程中各种需要的综合反映。客运服务人员如果不了解服务对象的旅行心理需要，不掌握旅客的心理活动，就难以按旅客需要去办事、提供服务，甚至会发生违背旅客需要的事情。如，旅客希望站、车有良好的秩序，而站、车却管理不善，环境不佳；旅客想买直通客票，一票到家，但车站只出售到列车终点站的车票；旅客希望到餐车就餐，而餐车只供应盒饭到车厢等等。这样做，虽然也是服务，实际上处于被动地位，效果不会好。反过来，客运服务人员如果能够了解旅客心理，认识并掌握服务规律，尽可能按规律办事和服务，情况就会不一样。例如：列车处于超员状态时，客运服务人员从体贴旅客旅途中的困难着想，主动地想办法为无座位旅客排忧解难，组织动员旅客两人席坐三人、三人席坐四人，劝导搭边坐、换坐、轮流坐、送超员凳等；对临时患病旅客主动送水、送药，帮助做好临时处置，解除患病旅客的痛苦；考虑在炎热气温下的旅客心情，主动采取降温措施，开电扇、开通风窗口，做好上水、送水工作等。这些工作是从旅客的角度着想的，体现客运服务的主动性。

由于一切事物都是变化的，当旅行环境、旅行条件发生变化时，旅客的旅行心理也会随旅行的进行发生变化。客运服务人员对这些变化的心理状态，要做到及时掌握，使得自身的服务工作更加主动、灵活，而且还能防止旅行中意外事件的突然发生。如，旅客不慎在车上丢失财物，又着急、又生气、又惊慌，甚至产生轻生念头，这时如果列车员一面帮助旅客寻找、报警，一面进行安慰、劝导，就能防止不测情况的发生。又如，当旅客列车晚点时，旅客常要询问晚点的时间和原因。晚点时间越长，对旅客心理冲击越大，这时乘务人员主动地做好宣传，可稳定旅客情绪，列车员还要注意到站时及时打开车门，使旅客安全乘降。

2. 提高客运服务的针对性

掌握旅客心理，探索服务规律，主动地为旅客服务，但这还不够。由于客运服务人员人数有限，不可能满足所有旅客表现出的和潜在的所有的需要，因此，客运服务要有重点、有针对性地对重点旅客提供使其满意的服务。重点旅客有时是一目了然的，如一位跛脚老人独自出门，客运服务人员应该把他作为重点旅客，扶持其上、下车，帮助他找到座位等。但是，大多数重点旅客需要客运服务人员对他们的行动进行细心的观察，才能了解到他们的心理和旅行需求，提供有针对性的服务。

有些客运服务人员，为旅客服务很勤快，也很主动，但提供的服务由于没有针对旅客的需要，结果事与愿违。例如，希望在旅途中能够安静休息的重点旅客，其心理状态是不愿有人去打扰，如果列车员总去问长问短，可能还会引起他的反感。所以，服务工作不一定是"越主动越好，越勤快越好"，还要讲究针对性，这样才能够得到事半功倍的效果。

掌握旅客心理，探索服务规律，提供有针对性的服务，比主动性服务的难度要大。例如，患病旅客通常是希望服务人员问长问短对他（她）多加照顾，但有的旅客想在列车上找到医生抓紧治疗，有的旅客想在前方较大的车站下车去医院，还有的希望到达目的地车站后再说。如果不掌握旅客心理，把不想中途下车去医院的送下车，或把想中途下车的留在车上，服务效果就会适得其反。

有针对性地进行服务，是主观努力和客观需要一致的服务，是把服务工作做到点子上。实现有针对性的服务，必须要了解、掌握旅客的心理需求。有的列车员通过细致的观察，了解到睡在硬卧车厢上铺的旅客容易口渴，而上下又不方便，所以在熄灯前专门给他们送一次开水。这种有针对性的服务,是优质服务的标志。在掌握旅客共性心理需要的同时,又要掌握个性心理需要。例如,同样买卧铺,不一定每个旅客都想要下铺;南、北方人同进餐车用餐,也不一定南方人专爱吃甜食、米饭,北方人全要口味重的菜、面食。所以,提供有针对性的服务,要求客运服务人员细致地了解与掌握旅客心理,包括共性心理和个性心理。

3. 提高客运服务的周到性

服务周到与否是相对而言的,既受旅客旅行心理需要满足水平的要求影响,又受环境、条件、时间等因素的制约,很难有具体的衡量尺度或者一个统一的标准。但从概念上讲,能够实现客运工作标准的要求,能够最大限度地满足旅客旅行中的心理需要,也就可以称作是周到服务。客运服务人员在丰富的服务实践中,已经积累和创造了一系列的服务经验,这些经验都是从了解和掌握旅客在旅行中的心理需要出发,按照服务规律,周到地为旅客服务的方法总结。

随着时代的发展,人民生活水平的日益提高,旅客旅行心理也会随之变化。如旅客希望铁路提供多功能、多层次的服务,改革原有的服务方式。许多车站为适应新时期旅客旅行的要求,提供周到服务,已经开展了在非铁路沿线的城镇开办售票点、办理行包承运和接送业务等。有的中间站,居民住宅区在车站一端,或在车站站舍的背面,旅客下车后,按规定应从正面进、出站口进出站。但旅客的心理是出站到家,越近、越方便越好,于是下车后总是想从车站两头走或者横越线路。为适应旅客的这种心理要求,有的车站根据客观条件,在车站靠居民住宅区的一端或在车站站舍的背面一侧,设立出站口,有计划、有管理地组织旅客从车站两端走或从背面出口出站,既能满足旅客的要求,又使旅客上、下车进入管理状态,既服务周到使旅客满意,又保证了旅客的旅行安全。

由于我国目前铁路运能与运量存在矛盾,在旅客运输中还存在许多问题满足不了旅客的需求,这是客观事实。如,旅客想要卧铺票,但因数量有限,难以满足;托运行包,常遇到停办、限办的制约;长途旅行,有时连座位都找不到等。实际上,这些都是服务不周到的反映。面对这种现实状况,客运部门要尽力去做能够做到的,实在做不到的,也要做好耐心、热情的解释工作以弥补不周到的缺憾。

4. 树立客运服务人员正确的服务观

实现文明服务、礼貌待客,最根本的是客运服务人员要有正确的服务观。对旅客有感情,才能在日常的服务工作中积极了解和掌握旅客的心理活动,了解旅客的困难,理解旅客"出门难"的心理状态,急旅客之所急,忧旅客之所忧,成为旅客的贴心人。有了正确的服务观和主动服务的思想,才能更好地为旅客服务。为使客运服务人员建立正确的服务观,需要对客运服务人员的心理有实际、细致的了解,并实施有针对性的心理管理。有的站、车专门组织职工和旅客一起排队买票,和旅客一同在硬席车厢"站"车旅行几个小时,亲自体验旅客的心理状态,这是为了培养和增强对旅客的感情。有些职工主观上也想为旅客服务,但对旅客问事多了嫌麻烦;旅客无意中违反有关规章制度,就对旅客横加责难;车票售完后,旅客询问车票的情况,而不予理睬等。所有这些,从反面说明客运服务人员如果不注意了解旅客的心理活动,就不能体贴旅客在旅行中的困难。与旅客之间的感情建立不起来,文明服务、礼貌待客就成了一句空话。所以,加强旅客心理活动的研究,掌握旅客心理,探索服务规律,能够加深客运服务人员和旅客的感情,从而促进服务者与被服务者之间的相互理解与支持,把服务工作做得更好。

5. 提高客运管理工作水平

客运管理工作是为旅客提供优质服务的基础。不断提高客运管理水平,必然会促进文明服务、礼貌待客程度的提高。

客运管理工作的内容很多,主要包括:

①旅客运输组织,包括售票组织、行包组织、乘务组织、餐饮管理、涉外运输、卫生整容。

②旅客推行安全工作,包括行车安全管理及站、车秩序管理。

③客运设备和客运设施管理,使其有效地为旅客运输生产服务。

④客运服务人员管理与培训,提高客运服务人员素质。

所有这些客运管理工作,都与能否为旅客提供优质服务息息相关。做好客运管理工作,提高服务质量,除了采取现代化的管理手段之外,更重要的是要体现全心全意为旅客服务的精神。一切客运管理方法、制度、措施、标准等的制订,应该依据国家的方针、政策、规章,同时应充分考虑站、车的实际条件和旅客的需求。因此,了解与掌握旅客在旅行中的心理需要,探索服务规律,对照自己的服务工作,考查符合需要的部分和有待改进的部分,就会成为提高客运管理工作水平的重要依据。

根据旅客心理活动改进旅客运输各方面的管理工作,才能有效地提高客运服务质量。如,车站售票窗口工作时间的安排,应考虑各站客流规律及不同的旅客构成的心理需求而制订;餐茶供应应根据站、车所吸引的不同结构的旅客心理需求和站、车的实际条件,制订出供应品种、方法。运输服务企业应根据站、车的客流规律、旅客心理需求去安排候车、检票、上车以及问询、签证等方面的服务组织工作。

**三、研究旅客心理学的方法**

无论是研究还是学习旅客心理学方面的知识,都存在方法的问题。方法包括两个方面:一是一般方法论,为人们提供一个从事研究、学习的指导思想和原则;二是实践中具体的操作方法。

1. 旅客心理学研究的一般方法论

一般方法论讨论的是科学方法的意义、原则和科学工作的态度等一般性的问题。方法论与世界观有密切的联系。从马克思主义哲学来说,世界观与方法论是一致的。马克思主义的辩证唯物论和历史唯物论,既是关于自然界和社会的科学的世界观,又是指导我们从事一切科学研究的方法论基础。在研究旅客心理学的过程中,我们应坚持以下几种方法。

(1) 树立基本观念

在研究旅客心理学的过程中,应树立以下基本观念:树立以人为中心的管理思想,在旅客运输服务企业内,服务的提供者和接受者都是人,只有树立以人为中心的管理思想,才能处理好人与人之间的关系;强调研究人在旅客运输服务中的作用;强调研究人的动机和心理活动规律;强调研究企业管理中有效地调动人们劳动积极性的途径;强调研究领导行为的问题。

(2) 坚持科学的态度与方法

在研究旅客心理学的过程中,应坚持科学的态度和方法。所谓科学的态度,就是实事求是、尊重客观事实的态度。这种态度对从事任何问题的研究都是重要的。由于心理现象是一种极其复杂的现象,因此用科学的态度研究心理问题尤为重要。

(3)采用客观的方法

在研究旅客心理学的过程中,应采用客观的方法。依据可以观察得到并能加以衡量的外部条件(刺激)和足以表明某种心理变化的客观指标或行为反应之间的关系,去如实地探明现实与心理、心理与行为以及心理的各种形式之间的因果联系(或必然联系)及心理发展的规律。

(4)坚持分析与综合的原则

在研究旅客心理学的过程中,应坚持分析与综合的原则。没有分析就不会有综合,不综合就会使分析的结果成为割裂的现象。综合的观点在旅客心理学研究中可以称为系统论的观点,也就是说,在旅客心理学研究中要充分运用系统的观点、思想,分析、研究旅客心理的规律,运用系统工程的方法进行管理。

2. 旅客心理学研究的具体方法

旅客心理学研究的对象是有思想、有感情的人,这就决定了它的研究方法有其自身的特点,主要是通过调查、观察和实验等方法,了解和掌握各种心理行为的变化,加以综合分析,概括出原理原则,再放到实际中去验证。

以心理学的基本原理为基础,以轨道交通乘客群为对象,研究他们的共性行为表现和规律性的心理现象,采用"观察旅客行为、分析旅客心理、找出行为动机、发现旅客需求、提高服务质量"的方法,观察旅客的外在行为表现,分析、研究引起此种行为的心理及动机,并推断出旅客需求,反思服务工作的不足,持续改进我们的服务,进而提高服务人员能力和技巧,最终实现轨道交通服务质量整体提高的目的。这是在工作实践中学习心理学、掌握心理学的重要方法。

(1)观察法

观察法是科学研究中应用最广泛的方法。观察法是指在自然情境中对人的心理现象与行为表现进行有系统、有计划的观察记录,经过分析以获得其心理活动产生和发展规律的方法。

观察法主要有两种方式:一是参与被观察者的活动过程,成为其中的一个成员;另一种是在旁观察而不参与被观察者的活动。无论采取哪种方式,原则上是不使被观察者发觉自己的活动正在被他人观察,否则就会影响被观察者的行为表现,从而导致结果失真。

观察法是对被观察者的行为进行直接了解,因而能收集到第一手资料。运用这种方法所收集到的资料,最重要的是确保它必须准确和具有代表性。因此,避免观察者的主观臆测和偏颇是使用观察法的关键。

观察法的优点是保持了被观察者心理活动的自然流露和客观性,获得的资料比较真实,可以提供丰富的信息,并能够发现许多过去不在意的现象。不足之处是很难对观察结果进行重复验证,难以进行精确分析,容易受观察者本人知识经验和观察技能等因素的影响。

(2)相关研究法

相关研究法是发现人的人格特质、行为或事件之间相互关联的程度。例如,子女与父母在智商、外貌、人际交往能力、情绪状态以及获得成绩之间的相关情况,或他们之间以怎样的方式相互联系着。相关研究既能够在自然环境中开展,也可以在实验室中进行,其基本步骤是通过测验获得两个因素,然后运用统计处理技术揭示两者之间存在的相关程度,用相关系数说明两个因素相关的强度和方向(图1-1)。

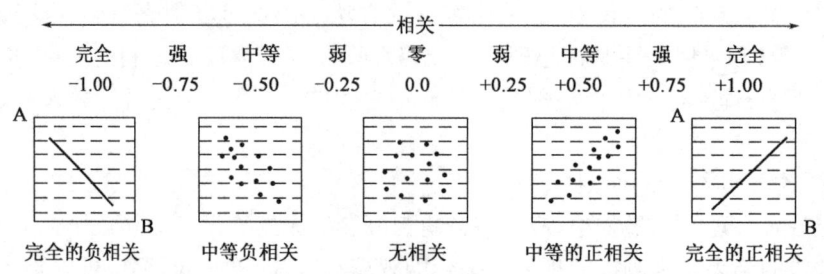

图1-1 相关系数说明

(3) 实验法

实验法是心理学研究中最有用的工具,也是心理学研究的主要方法之一。实验法不但能揭示问题"是什么",还能进一步探究产生问题的原因"为什么",即通过控制了的实验条件来验证事件或现象之间存在的因果关系。因此,它在心理学研究中被广泛应用。实验者在进行实验研究时采用两组被试:一组被试为实验组,另一组被试为控制组。控制组和实验组的被试除了接受主试要求不一样外,其他实验过程和条件都一样。

在实验过程中,实验者给予被试一系列变化的刺激信息称为变量。在心理学研究中,为确定事件或现象因果关系的变量主要有自变量、因变量和控制变量。

在实验中,一般把被试随机地分配至两个组中加以控制。随机分配是指被试都有机会被分到实验组或控制组,以保证个体差异在两个组之间达到平衡,当两组所有条件一样时,差别就只存在于自变量与因变量。从以上实验步骤可见,实验法一般都采用实验组和控制组或对照组两组被试进行。实验组是经过实验程序与处理的一组,控制组是没有经过实验程序与处理的一组。若两组结果存在差异,则说明实验条件起了作用。

(4) 个案法

个案法是对一个被试各方面或状况进行深入而详尽的了解,收集个体过去和现在的资料,经过分析推知其行为原因的方法。个案研究有时被认为是临床检验或特殊形式的晤谈法,是一种很有价值的心理学研究方法。

个案研究以详细的观察和某些心理测验为基础,收集的资料包括从出生到现在的生活史、家庭关系、生活环境、人际关系、智力和人格等心理和行为特点。虽然个案研究缺少严格意义上的控制组,获得的结论受到限制,但是,当不能对某些心理活动进行严格控制,或很难收集到相关信息资料,或出现了不寻常情况时,个案研究则是唯一的资料来源,并能充分显现其特有的优越性。

个案研究能够解释个体某些心理和行为产生、发展、变化的原因,有助于研究者获得某种假设,但这既是它的优点,也是它的不足。因为对某人的研究结论并不适用于另一个人,这样就难以对人类心理现象和行为表现进行概括,缺乏与其他个体或群体的可比性。

(5) 测验法

测验法是运用标准化测验(问卷或量表)工具度量个体间对某一事物反应的差异,或一组被试在不同时间或情境中的反应差异。典型的心理测验要求被试回答一系列问题,研者对获得的数据进行分析后得出某些结论。一般把测验分为两类:直接心理测验和间接心理测验。直接心理测验主要用于测量个体能觉知的感知觉、记忆、思维、行为等;间接心理测验如投射测验,主要用于测量个体不能意识到的动机、情感和人格特质等。

(6)调查法

调查法是指就某一问题要求被调查者自由表达意见或态度,以此来分析群体心理倾向的研究方法。实施调查法时要询问的一系列问题,需要经过仔细推敲,调查的对象必须是有代表性的样本。所谓代表性样本,是指能够准确反映总体的一组人,他们在性别、年龄、职业等方面均与总体一样。所谓总体,是指属于特定范畴的所有人。在实际研究中,不可能也没有必要调查所有人,而可以通过随机选择一个代表性样本进行调查,并得出有关总体的结论。

调查法一般有两种方式:一种是问卷调查,另一种是晤谈法。问卷调查是采用事先拟定的问题,由被试按问题的回答来搜集相关资料,以此来分析和推测群体心理特点及有关心理状态。由于问卷可以向多人同时搜集同类问题的资料,比较省人力物力。但需要注意两个方面的问题:一是问卷回收率不高可能会影响结果的准确性;二是被调查者可能并不具有代表性,或不认真合作,或对问题的回答不准确,使问卷结果的真实性受到影响。

晤谈法是通过面谈方式搜集资料来分析和推测群体心理特点和心理状态的研究方法。晤谈法一般不需要特殊条件和设备,比较容易掌握和施行。但晤谈获取足够资料需耗费大量时间,一般只对少数对象采用这种方法。由于晤谈对象有限,加上被试可能受其主观和客观因素的影响而影响资料的真实性。调查法只能了解事实是什么,不能解释为什么。因此,在心理学研究中,还需要使用其他方法来说明心理现象之间的因果关系。

# 第二章　旅客运输的心理现象

心理是与物质相对的概念,指人的一切精神活动,包括人的感觉、知觉、记忆、思维、情感、意志、气质、性格、能力等心理现象。人的心理过程纷繁复杂,表现形式丰富多样,它与人认识世界、改造世界的一切活动及其取得的成就密不可分。心理学是研究人的心理动力、心理特征形成以及心理过程发生和发展规律的科学。要深入了解人的心理现象,真正掌握人的心理面貌,就要从人的心理现象的整体性上加以考查和研究。

## 第一节　心理过程

人在一定时间和环境中发生、发展的心理活动过程,根据其能动反映客观事物及其关系的角度不同,分为认知过程、情绪情感过程和意志过程。

### 一、认知过程

认知过程是指人认识客观事物的过程,或者对信息进行加工处理的过程,是人由表及里、由现象到本质地反映客观事物的本质及其内在联系的心理活动。认知过程包括感觉、知觉、记忆、思维和想象。注意是伴随着心理活动过程中的心理特性。

人对客观事物的认知过程开始于感觉和知觉。感觉是人脑对客观事物个别属性或个别特征的直接认识,例如,在一定范围内,感觉到某事物的明或暗、粗或细、香或臭、软或硬等。知觉是人脑对客观事物整体特征及其联系和关系的直接认识,它是多种感觉经验与个体已有知识经验的有机结合,例如,对红旗、苹果、玫瑰花等事物的认识。知觉在感觉的基础上产生,但不是感觉的简单、机械相加。在知觉中,人的知识经验起着重要作用。

通过感觉和知觉所获得的经验被记忆在人脑中,并在需要时再现出来;同时,记忆中储存的信息又为思维活动提供材料。心理学把积累和保存个体经验的心理活动过程称为记忆。思维是个体运用已有知识经验间接、概括地反映客观事物,揭示客观事物本质特征和内在联系的心理过程。教师通过观察学生在课堂上的行为表现,推断他们的注意状态和内心活动,进而预测其学习效果,这些都是思维活动的具体表现。

1. 感觉

感觉是人脑对直接作用于感觉器官的客观事物的个别属性的反映。在现实生活中,人对各种事物的认识活动是从感觉开始的。当要认识某种事物时,首先是事物的颜色、声音、湿度、硬度、气味、味道等个别属性作用于人的感觉器官,通过感官把这些个别属性反映到大脑中,使大脑获得客观事物的特征信息。

感觉是知觉、记忆、思维等心理过程的基础,它为心理活动提供最基本的原材料。感觉虽然是最基本、最简单的心理活动过程,但具有重要作用。首先,感觉是复杂的心理活动产生和发展的基础。没有感觉,外部刺激信息就不可能进入人脑,人也就不可能产生知觉、记忆、思维、想象等高级心理活动过程。其次,感觉是维持和调节一个人正常心理活动的重要心理因素。人的需要和动机离不开人对客观事物和身体内部状态的感觉,没有感觉,人类将永远处于新生儿状态。感觉的重要意义可以由感觉剥夺实验加以验证。

(1)感觉的特征

①直接性

感觉反映的是当前直接作用于感觉器官的客观事物,而不是过去的或间接的事物。因此,那些记忆中再现的事物属性或幻觉中各种类似感觉的体验等都不是感觉。

②个别属性

感觉反映的是客观事物的个别属性,而不是事物的整体特征。对客观事物个别属性的整体反映以及对其意义的揭示,要由比感觉更高级的心理过程来完成。但是,感觉是一切较之更高级、更复杂的心理活动产生的基础,是人类认识客观事物的开端,也是人类一切知识的来源。

③客观与主观的统一

感觉是客观内容与主观形式的统一。感觉的对象和内容是客观的,感觉反映的是客观存在的事物,客观事物是不依赖人的意识而客观存在的。感觉的形式和表现是主观的,它是在一定主体身上形成并表现出来的,人的任何感觉还受到人的知识经验以及身体状况等因素的影响。可见,感觉是以客观事物为源泉,以主观解释为形式,是主观与客观相联系的重要渠道,是人脑反映客观事物个别属性的主观映象。

(2)感觉的种类

人通过不同感觉器官获得客观事物或自身的各种信息。可以根据不同的分类标准对感觉进行区分。根据刺激信息的来源和感觉的性质,可以把感觉分为外部感觉和内部感觉。

外部感觉是指由外部刺激引起,反映外部事物个别属性的感觉。外部感觉的感受器位于人体表面或接近体表的部位,主要接受来自有机体之外的适宜刺激,反映外部事物的个别属性,主要有视觉、听觉、嗅觉、味觉和肤觉。

内部感觉是指由有机体内部刺激引起,反映内脏器官、身体平衡及自身状态的感觉。内部感觉的感受器位于人体各内脏壁内、腹膜、胸膜、关节囊、前庭器官等处。

根据感觉器官或感觉通道的不同,可以把感觉分为视觉、听觉、嗅觉、味觉、平衡觉、运动觉等(表2-1)。

人类主要感觉分类　　　　表2-1

| 感　觉 | 适宜刺激 | 感觉器官 | 感　受　器 | 获取的信息 |
| --- | --- | --- | --- | --- |
| 视觉 | 光波 | 眼 | 视网膜的视锥细胞和视杆细胞 | 颜色、模式、结构、运动、空间深度 |
| 听觉 | 声波 | 耳 | 耳蜗内基底膜上的毛细胞 | 噪声、音调 |
| 肤觉 | 外界接触 | 皮肤 | 皮肤神经末梢 | 触、痛、温、冷 |
| 嗅觉 | 挥发气体分子 | 鼻 | 嗅上皮毛细胞 | 气味(麝香、花香、烧焦、薄荷) |
| 味觉 | 可溶性物质 | 舌 | 舌上的味蕾 | 味道(甜、酸、咸、苦) |

续上表

| 感　觉 | 适宜刺激 | 感觉器官 | 感　受　器 | 获取的信息 |
|---|---|---|---|---|
| 平衡觉 | 机械和重力 | 内耳 | 前庭器官中的毛细胞 | 空间运动、重力牵引 |
| 运动觉 | 身体运动 | 肌肉、肌腱和关节 | 肌肉、肌腱和关节的神经纤维 | 身体各部分的运动和位置 |

(3)感觉现象

①感觉适应

感觉适应是指刺激物持续作用于同一感受器而使感受性发生变化的现象。由于刺激在时间上持续作用于某个感受器,导致对后来刺激的感受性发生变化,因此,感觉适应既表现为感受性的提高,也表现为感受性的降低。

例如,"入兰芷之室,久而不闻其香;入鲍鱼之肆,久而不闻其臭",这是嗅觉适应;在日常生活中经常看到有些老年人把眼镜移到自己额头上却到处寻找眼镜的情况,这是触压觉适应;洗澡时,开始觉得水很烫,但过了几分钟之后,便觉得不再那么烫了,这是皮肤温度觉适应。听觉适应不甚明显,但人还是会在一定范围内表现出对噪声的适应。人对痛觉的适应极难产生,正因如此,痛觉成为伤害性刺激的预警信号而颇具生物学意义。

各种感觉都有适应现象,但其中的生理机制不同,有的可能发生在感受器水平,如触觉适应,有的也可能发生在神经中枢。

②感觉对比

感觉对比是指不同性质的刺激作用于同一感受器产生相互作用,使感受性发生变化的现象。感觉对比广泛存在于视觉、温度觉、味觉等各种感觉通道中。感觉对比增强了人的感觉差别,从而使人能够更好地辨别事物。根据刺激呈现时间的不同,一般把感觉对比分为同时对比和继时对比。

同时对比是指两个刺激同时作用于同一感受器时产生的感觉对比现象。例如,肤色较白的人穿黑色服装会显得更白些,这是衣服和皮肤颜色感觉对比后的效果。色调对比也是同时对比的显著例子。同时对比还可以分为无彩色对比和彩色对比。无彩色对比是两种彼此不同的无彩色刺激在相互并列的情况下,它们之间在明度上的增强现象。例如,灰色正方形在白色背景上,就比在黑色背景上显得更暗一些。彩色对比是色调在周围颜色影响下,向其背景颜色的补色方面变化。灰色正方形在红色的背景上,由于对比的影响,便显得带有绿色,在绿色的背景上便显得带有红色。

继时对比是指两个刺激先后作用于同一感受器产生的感觉对比现象。例如,吃糖之后接着吃芦柑,会觉得芦柑很酸;吃了苦的食物之后紧接着喝白开水,会觉得白开水有点甜。

③联觉

联觉是指一种感觉引起另一种感觉的心理现象。联觉是感觉相互作用的表现,常见的有色温联觉、色听联觉和视听联觉。在颜色感觉中容易产生联觉,例如,红、橙、黄等颜色类似于太阳和烈火,往往会带给人温暖的感觉,它们又被称为暖色。暖色往往会使人有向前方突出的感觉,使宽大的房间在感觉上变得狭小些,也被称为进色。绿、蓝、青等颜色类似于碧空和湖水,往往会带给人寒冷的感觉,它们又被称为冷色。冷色往往会使人有向后方退的感觉,使狭小的房间在感觉上变得宽敞些,也被称为退色。其他感觉中也经常产生联觉,如色听联觉是人在听到某种声音时产生的鲜明彩色形象,视听联觉是人在声音作用下产生某种视觉形象,例如,形容某人拥有"甜蜜的嗓音"、弹奏"绚丽的乐曲"等。联觉在教育、绘画、建筑、宣传、图案设计、环境布置、广告、烹饪等领域具有广泛应用价值。但是,联觉的个体差异很大,其鲜明程度以及产生的难易程度因人而异。

④后象

后象是指刺激停止作用后在人脑中暂时保留的印象。后象是兴奋过程留下的痕迹,存在于各种感觉之间,在视觉中表现尤为明显,这主要与视网膜中视觉感受器内色素的漂白和复原有关。视觉有正后象和负后象之分,色觉后象一般为负后象。例如,医生在手术室中穿淡绿色的手术服。

⑤感觉补偿作用

感觉补偿作用是指某种感觉缺失后由其他感觉加以弥补的现象。例如,盲人一般具有较好的听觉和触觉能力,可以通过脚步声或拐杖击地的回响来辨别附近是否有障碍物以及房屋、河流、马路等地形,也可以通过触摸觉"阅读"盲文。聋哑人的振动觉比较发达,他们甚至可以通过地板的振动来感受和欣赏音乐,例如,名震一时的千手观音表演。

2. 知觉

当人们感知事物时,大脑总是在积极地进行选择、组织和解释,最终把多种感觉信息整合成一个完整的客体加以识别。这种对客观事物各种属性整体的、整合的反映就是知觉。

知觉是人将感觉信息整合为有意义模式的过程,是人脑对直接作用于感觉器官的客观事物各种属性、各个部分及其相互关系的整体反映。知觉以感觉为基础,是人脑对感觉信息选择、组织和解释的过程。人通过知觉过程,在获得感觉信息的基础上,把感觉信息整合成有意义的事物并加以解释和理解。例如,首次进入车站的乘客大多需要依靠视觉寻找导向标志,这是感觉,而多次乘坐的老乘客不但不需要依赖导向标志,而且可以根据车站的秩序和以往乘车的经验,感知列车运行是否正常,这就是知觉。

根据心理学中的知觉理解规律,知觉的理解性和言语的指导性有密切的关系,通过言语指导,人对知觉对象的理解会变得更加迅速、准确、完整。因此,在购票、检票、进站、候车、乘车、出站整个流程中,利用广播清晰而亲切地为旅客播报换乘信息、安全常识、列车时刻表等,可以减少旅客乘车的慌乱感。

3. 感觉与知觉的关系

知觉以感觉为基础,但又不同于感觉,两者既相互区别又相互联系。

(1)感觉和知觉的相同点

两者都是人脑对客观事物的主观反映,都是人脑对当前直接作用于感觉器官的客观事物的反映,两者的形成与发展离不开人脑的活动。

(2)感觉和知觉的区别

第一,反映的内容不同。感觉是人脑对直接作用于感官的客观事物个别属性的反映,知觉则是人脑对直接作用于感官的客观事物各种属性、各个部分及其相互关系的整体的、综合的反映。两者反映的内容在层次上存在差异。

第二,产生的性质不同。感觉是介于生理和心理之间的活动过程,它的产生主要来自感觉器官的生理机制和刺激信息的物理特性,不需要或很少需要人的知识经验,因此,相同的刺激信息会引起相同的感觉。知觉则是纯粹的心理活动,它的产生来自感觉基础上对客观事物各种属性的整合和解释以获得意义的心理活动,需要人的知识经验等主观因素的参与,不同的人对同一刺激信息可能会产生不同的知觉。

第三,生理机制不同。感觉是单一分析器活动的结果,知觉是多种分析器协同活动的结果。知觉的形成和发展需要多种分析器共同参与,以便对复杂刺激物多种属性及其相互关系进行整合。在知觉过程中,包含了由当前刺激信息引起的兴奋活动,以及与过去相应的知识经验之间暂时神经联系的恢复过程。

(3)感觉和知觉之间的联系

感觉是知觉过程的重要组成部分,是知觉的前提和基础;知觉则是感觉的深入和发展,人对客观事物个别属性的反映越丰富、越精确,由此形成的知觉就越完整、越正确,两者联系紧密。例如,城市轨道交通的乘客通过每一次乘坐列车的感觉,才感知到列车安全、快捷、方便的运营特点。

感觉和知觉是人认识客观事物的初级阶段,是人的心理活动的基础。如果没有感觉和知觉,就不可能产生记忆、思维、想象、意志等复杂的心理活动。因此,感觉和知觉是人的正常心理活动形成、发展和完善的基础,是人认识世界的开端。

轨道交通的基础设施要满足旅客的感知觉体验。例如,作为地铁与地面联系纽带的出入口,其设计要实用醒目,具有安全魅力,能给人方便感、可靠感、信任感;要具有柔美魅力,能给人温馨感、幸福感;要具有特色魅力,即融合城市文化和地方特色,给旅客舒适感。在设计标识和导向系统时,由于人们只有在能通过感知觉识别判定自身环境时才有安全感,所以标识和导向系统要明确,要考虑色彩搭配和明暗光线设置,充分利用空间,使之清晰合理。候车室的环境设计要注意宽敞简约,通常需要足够的灯光照明和摆放一些绿色植物,放松旅客心情,并且提供报纸咨询、自动取款机等服务,减少旅客候车的无趣感。

4.记忆与遗忘

(1)记忆

记忆是人脑对过去经验的保存、再现的心理过程,即感知过的事物、思考过的问题、体验过的情感、练习过的动作等经验在人脑中的保持。过去经验可以用形象或语词的形式存储在人脑中,并在一定条件下无须再加以练习即可重新得到恢复。因此,记忆发生在感知之后,是人脑对过去经验的反映,是人脑积累知识经验的心理活动,也是心理过程在时间上的持续。记忆与感觉、知觉一样,都是人脑对客观事物的反映,同属于认知过程。但是,它又与感觉、知觉不同。感觉和知觉是人脑对当前直接作用于感觉器官的客观事物的特征或属性的反映,它不能离开当前客观事物而单独存在,相当于信息的输入;记忆发生在感觉和知觉之后,是人脑对过去经历过的事物和体验的反映,总是指向过去,相当于信息的编码、存储和提取。过去经验通过形象或语词的形式存储在人脑中。形象作为具体的、形象的直接经验,语词作为抽象的、概括的间接经验,以"痕迹"的形式储存在人脑中。保持个体经验的记忆包括"记"和"忆"两个方面。

记忆作为基本的心理活动过程,与其他心理活动紧密联系,协调人的心理活动功能,对保证人的正常学习、工作和生活起着极为重要的作用。记忆是一种积极能动的心理活动,与学习过程关系密切,记忆中经验的获得、积累和应用等,也是学习过程的不同阶段和不同方面。人通过感知从周围环境中获取信息,如果这些信息不能储存下来并在需要时重现,人就不可能获得和积累知识与经验,就无法形成概念进行判断和推理,也就不能适应复杂多变的客观环境,更不能解决纷繁复杂的各种问题。没有记忆,人的心理活动将不能正常发展,会永远停留在新生儿水平,在人的智能系统中,记忆处于重要的地位。有了记忆,才能将人的心理活动的过去、现在和未来连接成一个整体,使人的心理活动在时间上得以持续,并使个体最终实现心理的发展、知识经验的积累和人格特征的形成。

人们交通出行的方式具有一定的稳定性,而在第一次交通出行时会遵循"准备——发生——回味"三个阶段,当第一次出行方式满足了基本需求,并且留下了良好的第一印象时,他之后的出行会形成稳定的循环过程。当乘客遇到突发事件时,他们往往会从记忆中寻找轨道交通对类似事件的处理过程,对轨道交通的服务管理有良好记忆的乘客,一般会更乐于接受和服从车站的管理。对客运服务人员而言,行车组织过程中需要记忆站点信息、换乘车次信息、旅客信息、行车作业内容等,需要具备良好的记忆能力和较强的思维能力,有效完成本职工作。

(2)遗忘

遗忘是指人对识记过的材料不能再认或回忆,或是错误地再认或回忆。从信息加工理论观点看,遗忘是指识记过的信息提取不出来或提取发生错误。遗忘表明了记忆的内容和数量最明显的动态变化,是保持的对立面,保持中的信息丧失就意味着遗忘。根据遗忘的程度,遗忘可以分为不完全遗忘和完全遗忘。不完全遗忘是指对存储的信息能再认但不能回忆或能回忆不能再认;完全遗忘是指对存储的信息,既不能再认也不能回忆。遗忘还可以分为暂时性遗忘和永久性遗忘。暂时性遗忘是指已存储在长时记忆中的信息一时不能被再认或回忆,但在适宜条件下还可以恢复,实现再认或回忆;永久性遗忘是指识记过的材料,不经过重新学习则不能再行恢复的现象。

遗忘曲线又称为保持曲线、记忆操作特征曲线。德国心理学家艾宾浩斯首先对人的记忆过程和遗忘进程进行了实验研究。实验结果如图2-1所示,此即著名的艾宾浩斯遗忘曲线。

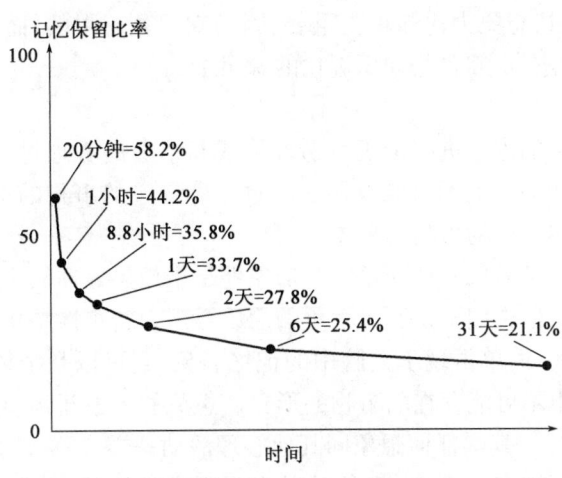

图2-1 艾宾浩斯遗忘曲线(资料来源:Ebbinghaus,1885)

从遗忘曲线可以看出，识记后的最初一段时间里，保持量急剧下降，然后下降速度逐渐减慢，并逐渐稳定在某个水平上，因此，遗忘规律呈先快后慢的趋势。这表明人类遗忘的进程是不均衡的，遗忘在学习后立即发生，识记后的短时间内遗忘比较快，量也比较多，随着时间的推移，遗忘的进程逐渐变慢，到了一定时间，几乎就不再遗忘了。艾宾浩斯的开创性记忆研究有两个重要发现：一是揭示了人类遗忘的发展进程。后来心理学家用单词、句子、诗歌，甚至故事等具有意义的、不同性质的材料代替无意义音节对艾宾浩斯遗忘曲线进行了验证，结果表明，尽管有意义材料的识记比较容易，但其遗忘曲线的发展趋势与艾宾浩斯的研究结果基本相同。二是发现了记忆中保持信息的时间。研究发现，长时记忆中的信息可以保持数十年，甚至更长。因此，儿童期学习过的东西，即使多年没有重复或运用，一旦有机会重新学习，就会较快地恢复到原有水平。

5. 表象和想象

（1）表象

当感知过的客观事物不在面前，而在脑海里呈现出关于某事物的形象，这在心理学中称为表象。表象是在视、听、嗅、触、味等感知的基础上形成的，具有自动转换功能，它是从感知觉到思维的过渡阶段或中介。

表象是人脑对感知过的事物形象的反映。表象是人脑中以形象的形式对客观事物进行操作和加工的过程，是事物不在面前时关于事物的心理复现。表象由人脑中刺激痕迹的再现引起，是以感知觉提供的材料为基础的，没有对客观事物的感知，表象就无法形成。但表象不是感知觉的翻版和重复，它是感知觉痕迹经信息加工后再作用的产物。由于表象的形成不需要客观事物的直接作用，可以不受时间和空间的限制而在人脑中出现，因此，人的思维活动不仅可以借助概念进行，也可以借助表象进行，它对人的思维、想象等高级心理活动具有重要的影响作用。

表象具有直观形象性，它以生动具体的形象在人脑中出现。表象具有概括性，反映的客观事物的形象，不是某个具体事物或事物的某个特征，而是同一事物或同一类事物在不同条件下表现出来的一般特点或共同具有的特征，是一种归类了的事物形象。

（2）想象

爱因斯坦曾经说过，想象力比知识更重要，因为知识是有限的，而想象力概括了世界上的一切，推动着社会的进步，并且是知识进化的源泉。

①想象的含义

想象是人脑对原有的表象进行加工改造而形成新形象的心理过程，是以表象为内容的特殊形式的高级认知活动。人不仅能够回忆起过去感知过的事物的形象，而且能够利用已有的表象想象出从未感知过的事物的形象。

想象最突出的特征是形象性和新颖性。形象性是指想象处理的主要是直观生动的图像信息，而不是词和符号，但它们不是原有表象的简单再现。新颖性是指想象产生的新形象不同于个体亲身感知过的、简单再现于人脑中的记忆表象，它可以是个体从未亲身经历过、现实中尚未存在或者根本不可能存在的事物的形象。想象的形象新颖、离奇，似乎很难在现实中找到其具体的"蓝本"。其实任何想象同其他心理活动一样，都不是凭空产生的，其构成新形象的原型均源自客观现实。因此，想象是对客观现实的反映，已有表象是形成想象的基础。人脑中的表象加工重组采用黏合、夸张、典型化、联想等方式,在人脑中形成各种新颖奇特的形象。想象对人的认识具有补充作用,具有超前的意识功能,在人类生产实践中具有重要意义,对人类的发展起着预见、指导和激励的作用,具有满足人类自身需要的作用。有了想象,才有艺术、创造发明和科学预见。同样,很多乘客会对轨道交通的管理和服务产生自己的想象,这往往会影响乘客的满意度。

②想象的功能

想象在人类的发展过程中具有重要作用,并在人们的工作、学习、生活中表现为以下三种功能。

预见功能。想象的预见功能是指想象能对客观现实进行超前的反映,以形象的形式实现对客观事物的超前认知。人类进行实践活动,总是先在大脑中形成未来活动过程和期望结果的形象,并利用它指导和调节自己的活动,实现预定目的和计划。学生在学习过程中也必须具有想象力,如果想象力贫乏,思考问题就比较狭窄,很难获得较强的分析问题和解决问题的能力。想象的超前预见功能在日常生活中很常见,如人在做某件事情前总会想象进行这种活动的结果,像"未雨绸缪""居安思危"等都是想象预见功能的表现。

补充功能。想象的补充功能是指弥补人类认知活动在时间和空间上的局限和不足,或者在认识很难直接感知的对象时,想象能够弥补对对象认知的不足。例如,光速是30万公里/秒,某些粒子的生命只有10万分之一秒,人根本无法感知它们,但是可以通过想象活动认识它们。在社会生活中,也会经常遇到一些靠感知无法直接认知的事物。如宇宙间的天体运动、原始人的生活情景等,这些在空间和时间上十分遥远的事物,不能直接感知,此时借助想象的补充功能,可以实现对客观世界充分、全面以及深刻的认识。

代替功能。想象的代替功能是指当人的某些需要和活动不能得到实际满足或完成时,可以通过想象从心理上得到某种替代和满足。例如,在中国古典戏曲表演艺术中,许多活动场面,如骑马、摆渡、开门、关门等动作细节,常常是通过演员形象化的动作来唤起观众的想象,以代替实际活动和特定场景的。在日常生活中,"望梅止渴"和"画饼充饥"等,也都是通过想象的代替功能来缓解心中的压力或寄托某种期望。

③想象的种类

根据想象活动是否具有目的性和计划性,可以把想象分为无意想象和有意想象。

无意想象又称为不随意想象,是指没有预定的目的,在一定刺激的作用下,不自觉地产生的想象,是一种最简单、初级形式的想象。儿童的想象往往没有预定目的,因此,他们经常产生的是无意想象。无意想象的特殊形式是梦。

有意想象又称为随意想象,指根据预定目的,在一定意志努力下自觉进行的想象。有意想象具有一定的预见性和方向性,它在人的想象过程中调节和控制着想象活动的方向和内容,对人类认识世界和改造世界的活动具有重要的意义。根据有意想象的新颖性、独立性和创造性程度的不同,可以把有意想象分为再造性想象和创造性想象。

再造性想象是指根据言语的描述或图形符号的示意,在人脑中形成相应事物新形象的过程。例如,机械制造工人根据图纸想象出机器的主要结构,建筑工人根据设计图纸想象出未来高楼大厦的形象等。再造性想象对人的各种实践活动,尤其是学生在掌握和理解知识的学习活动中具有重要意义。在学校教学过程中,教师要通过生动的语言描述或图表、模型演示，帮助个体摆脱狭窄的思路，使学生借助再造性想象，在大脑中形成与概念相对应的生动形象，认识自己没有感知过或不可能直接感知的事物，深刻地理解教材，牢固地掌握知识，获得有用的经验。再造性想象对个体的人格塑造具有重要作用。在思想教育和品德教育中，应该运用各种方式唤起人的再造性想象，使榜样的品质潜移默化地移植到个体的人格特征中，塑造出优秀的人格品质。

创造性想象是指根据一定的目的和任务，不依据现成的描述，在人脑中独立地创造出某种新形象的心理过程。创造性想象中的形象不是根据别人的描述，而是人以有关记忆表象为基础，按照自己的想象来创造具有社会意义与社会价值的新形象。创造性想象具有独立性、首创性、新颖性的特点，与创造性思维紧密结合，是人类创造性活动不可或缺的心理成分。

创造性想象是一种比再造性想象更复杂的智力活动，它的产生依赖社会实践的需要、个体强烈的创造欲望、丰富的记忆表象储备、高水平的表象改造能力以及思维的积极性等主客观条件。再造性想象和创造性想象之间的异同和联系如表2-2所示。

**再造性想象与创造性想象的异同和联系**　　　　表2-2

| 条　件 | 再造性想象 | 创造性想象 |
| --- | --- | --- |
| 不同 | ①具有再造性，构造出的形象与原物相符合；<br>②再造的形象所代表的事物是已被他人创造出来的；<br>③在一般性活动中的作用较大 | ①具有创造性，构造出的形象是崭新的；<br>②创造的形象所代表的事物是前所未有的；<br>③在创造性活动中的作用较大 |
| 共同 | ①都是根据已有表象构造出新形象；<br>②想象中的事物都是以前没有直接感知过的 | |
| 联系 | ①再造性想象是创造性想象的基础，创造性想象是再造性想象的发展；<br>②创造性想象中有再造性成分，再造性想象中有创造性成分 | |

幻想是指与个人生活愿望相结合，并指向未来发展的想象。幻想是创造性想象的准备阶段，是创造性想象的特殊形式。幻想不同于再造性想象，因为与再造性想象相比，它具有较多的创造性成分。它也不同于创造性想象，其区别在于：一方面，创造性想象不一定是个体赞美或向往的形象，而幻想的形象往往是个人追求、向往和憧憬的事物；另一方面，幻想不与当前的创造性活动发生直接联系，不一定产生现实的创造性成果，仅是未来创造活动的前奏和准备，而创造性想象与创造性活动紧密联系，两者不可分开。幻想与创造性想象的异同和联系如表2-3所示。

**幻想与创造性想象的异同和联系**　　　　表2-3

| 条　件 | 幻　想 | 创造性想象 |
| --- | --- | --- |
| 不同 | ①是个人所向往、追求的愿望；<br>②指向未来，不与创造性活动直接相关联 | ①不一定是个人所追求、向往的；<br>②与创造性活动直接相关，有想象的结果和产物 |
| 共同 | ①都必须以一定的表象材料为依据；<br>②都富有创造性、新奇性 | |

续上表

| 条　件 | 幻　想 | 创造性想象 |
|---|---|---|
| 联系 | ①创造性想象以幻想为基础,幻想是创造性想象的特殊形式;<br>②创造性想象中有一定的幻想成分,幻想中也有一定的创造性想象的成分 | |

幻想的品质与人的世界观或思想状态紧密联系,根据幻想的社会价值和有无实现的可能性,幻想分为积极的幻想和消极的幻想。积极的幻想是指符合事物发展规律,具有一定社会价值和实现可能性的幻想,因此,积极的幻想又被称为理想。理想指向未来,与人所展望将来发展的美好愿望和前景,激发人的信心和斗志,鼓舞人顽强地去克服内外困难相联系。消极的幻想是指不符合或违背事物发展规律,毫无实现可能性的幻想,因此,消极的幻想又被称为空想或白日梦。空想是一种毫无意义的想象,它常使人脱离现实,想入非非,逃避艰苦的劳动,以无益的想象代替实际行动。因此,在现实生活过程中,要避免空想,应坚持正确远大的抱负,培养克服内外困难的意志力,实现自己所追求的理想。

6.思维

(1)思维的含义

思维是人的重要的认知活动,是人脑借助言语、表象或动作实现的对客观事物的本质特征概括和间接的反映。思维与感觉、知觉一样,都是人脑对客观事物的认识活动,但是,思维与感觉、知觉之间存在着重要的区别。通过思维活动,人们才能够对自己通过感觉和知觉所获得的各种感性材料和各类信息去伪存真,由此及彼、由表及里、由浅入深地加工,从而实现从感性活动上升到理性认识的飞跃,达到对客观事物深刻、正确和全面的认识。因此,思维是人类特有的高级心理活动,是人对客观事物本质特征和内在规律间接、概括、深刻、准确、全面的反映。

(2)思维的基本特征

思维具有概括性和间接性两个基本特征。

①概括性

思维的概括性反映的不是个别事物或事物的个别属性,而是客观事物的一般特征以及事物的内在联系。它具有两层含义:一是反映同类事物的共同特征。例如,通过感知,认识了直角三角形、锐角三角形、等边三角形等,通过思维,舍弃了不同三角形的具体特征,概括为平面三角形,这就找出了不同角度三角形的共同特征。二是通过思维,能把握客观事物的本质特征和内部联系,并将其推广到同类事物中去。在思维水平上对客观事物共同性的概括,实质上是对客观事物的本质特征和内在联系的概括。因此,人能够透过客观事物的表面现象,掌握普遍或必然的联系。

②间接性

思维的间接性不是反映直接作用于人的感官的客观事物的属性,而是以自己已有的知识经验为基础,对客观事物进行间接的反映,即通过一定的媒介反映客观事物。思维不同于感觉和知觉,感知觉是对当前直接作用于感觉器官的客观事物的反映,思维则不同,当客观事物不直接作用于人的感官,或感官不能把握客观事物时,借助一定的媒介,通过概念、判断和推理形式,仍能把握客观事物的本质特征和内在联系。因此,人能够超越时空的限制和人类感觉器官的局限,认识那些没有感知或无法直接感知的事物,揭露客观事物的本质特征和内在活动规律。

(3)思维过程

思维过程是指人脑中心智的一系列复杂的认知操作,包括多种思维活动,交错而有机地结合在一起。在人的思维过程中,通过分析、综合、比较、归类、抽象、概括等认知操作,对来自感知的客观事物的信息进行加工,通过概念、判断、推理等思维形式,揭露客观事物的本质特征和内部联系。

①分析与综合

分析是人的基本思维活动,是在思想上把客观事物的整体分解为各个部分、各种特性的思维过程。例如,把一篇课文分解成若干段落,对一个学生从德、智、体等几个方面进行分析。

综合是在思想上把客观事物的各个部分、各种特性或个别联系和关系总和起来形成整体的思维过程。例如,学生在理解课文各个段落大意的基础上,归纳出课文的中心思想等。综合有助于个体整体地认识事物,把握事物的内在联系,以便于抓住客观事物的本质特征。分析和综合是辩证的统一,相互依存,相互转化。

分析是从整体开始的,它是达到认识事物整体的手段、途径和方法,通过分析对事物整体的认识就会更深入、更充分,综合则是分析的结果。因此,人的思维过程包含三个基本环节:综合——分析——再综合。对某个新的事物,开始时只有初步的、大体的感性认识,经过分析,了解事物各个部分的特征和内在关系,最后将各部分总和,形成对该客观事物整体、深刻的理性认识。

②比较与归类

比较是在人脑中确定客观事物之间异同及其关系的思维过程。比较的客观基础是事物之间存在的同一性和差异性。

归类是在人脑中根据客观事物的异同把它们区分为不同种类或类型的思维过程。归类过程是在收集到的信息资料基础上,寻找事物之间的共同特征或特征之间的相互关系,在对特征或属性以及相互关系的分析比较过程中得出一般结论的过程。

比较是归类的基础,通过比较找到客观事物的共同点和差异点,根据共同点可以把客观事物归为某种类别,根据差异点可以把客观事物归为较小类别等等。

③抽象与概括

抽象是在分析、综合和比较的基础上,在思想中抽取出同类客观事物具有的本质特征,舍弃个别的、非本质特征的思维过程。如果把抽象出来的一类事物的本质特征加以适当概括,就形成了这类事物的概念。

概括是在比较和抽象的基础上,在人脑中把抽象出来的客观事物的共同的本质特征或本质属性综合起来,并推广到同类事物上去的思维过程。

抽象与概括是相互联系的。概括是在抽象的基础上进行的,为了把客观事物的共同特征和本质属性综合起来,就需要把这些属性从个别事物中抽取出来,也只有将这些本质属性综合起来,才能得到一个概括的认识。

④体系化与具体化

体系化是在人脑中将知识的各个要素分门别类地构成一个有机的、层次分明的系统的思维过程。体系化是在分析与综合、比较与归类、抽象与概括的基础上进行的。

具体化是把抽象和概括化了的一般原理应用到具体对象上去的思维过程。具体化使一般的、抽象的知识与直观的、感性的事物联系起来,从而对客观事物本质特征的理解更容易。

在思维过程中,分析与综合、比较与归类、抽象与概括、体系化与具体化是紧密联系、相互作用的,并且在实际解决问题的过程中结合起来使用。合理地组织和运用思维活动的具体过程,是个体顺利完成各项任务的基本保证。

例如,当乘客被告知列车由于故障等原因,短时间内难以恢复正常运行时,他们往往会开始思维:分析列车恢复正常运行,估计需要的时间,综合考虑自己的出行计划,比较换乘其他交通工具的得失,然后决定自己是等待列车修复还是换乘其他交通工具。

(4)问题解决的思维过程

①问题解决的含义

问题解决是由一定的问题情境引起,经过一系列具有目标指向性的认知操作,使问题得以解决的过程。问题解决有创造性问题解决和常规性问题解决两种。需要利用或发展新方法的问题解决称为创造性问题解决,利用或运用现成方法的问题解决称为常规性问题解决。问题解决具有以下三个特征:

第一,目标指向性。解决问题的活动具有明确的目的性,其目标是通过一系列认知活动,有目的地把问题的初始状态转变为目标状态。

第二,操作系列性。在把初始状态转变为目标状态的活动中,包含了一系列认知操作,只有单一的认知操作不能构成问题解决程序。例如,在课堂上,老师要让学生根据问题线索分析思考,并需做出答案。学生的这种认知操作既有目标指向,又有问题线索,因此,必须通过一系列认知操作步骤才可以完成。

第三,操作认知性。问题解决的活动必须具有认知操作的参与。具备了问题解决的目标指向性和操作系列性的认知操作,仍不是问题解决的充分条件。例如,车工操纵车床的熟练动作,不仅具有目的性而且具有一系列操作程序和阶段,但这种操作是以体力为基础的,不具备重要的认知成分的参与。因此,单纯的身体动作系列仍不能看作问题解决。问题解决的这三个基本特征是在问题解决过程中统一起来的。在理解问题之后,就产生了解决问题的指向性,为了达到指向的目标就必须进行一系列认知操作。产生目标指向性是问题解决的前提,进行一系列认知操作是解决问题的条件。

②问题解决的思维过程

发现问题。发现问题就是认识到矛盾的存在并产生解决矛盾的需要和动机。发现问题是问题解决的开端,有问题而不知道,问题解决的思维过程就无从谈起。只有发现问题,才能把社会的需要转化为个人的探索欲望,才能产生强大的动力,激励和推动人投入到问题解决的思维活动之中。能否发现具有重大社会价值的问题,取决于多种因素。第一,依赖人的主观能动性和活动积极性;第二,依赖人的态度;第三,依赖人的兴趣、爱好和求知欲;第四,依赖个体的知识和经验。一般说来,知识渊博、经验丰富的人,能够提出深刻而有价值的问题;知识贫乏的人提出的问题肤浅幼稚,一般没有很高的科学和社会价值。

明确问题。明确问题是要从笼统、混乱、不确定的问题中,找出问题的主要矛盾和关键因素,把握问题的实质,使问题的症结明朗化,从而确定解决问题的方向。迅速而准确地明确问题依赖两个条件:一是全面系统地掌握感性材料;二是已有知识和经验的积累。

再次提出假设。明确问题之后,解决问题的关键就是根据问题的性质,运用已有的知识和经验,找到解决问题的方案、策略,拟订解决问题的途径和方法,并提出假设。假设是科学的"前哨"和"侦察兵",是解决问题的必由之路,科学理论正是在假设的基础上通过不断实践而发展和完善的。提出假设为解决问题搭建了从已知到未知的桥梁,离开合理的假设,人就无法去正确地解决问题,更不可能获得问题解决的结果。

检验假设。问题解决的最后步骤是检验假设。假设是对问题解决方案的探索和设想,假设是否正确,需要借助一定的手段来检验。检验假设的方法有两种:一是直接检验,即通过实验和实践活动来加以验证。实践是检验真理的唯一标准,这是检验假设最根本、最可靠的手段。二是间接检验,即在脑中,根据已掌握的科学原理,利用思维活动对假设进行论证。对于那些不能立即通过实践直接检验的特殊活动中的假设,经常采用间接检验。

③问题解决策略

问题解决策略是在解决问题的过程中,搜索问题空间、选择算子系列时运用的策略总称。一个人在解决问题时都会采取一定策略。某种策略对问题解决是否有效取决于两个方面:一是采取的策略是否正确;二是问题的性质和内容,即采用的策略是否适合该问题的解决。心理学把问题解决中的策略分成两类,即算法策略和启发式策略。

算法策略是指在解决问题时的一套规则,该规则能够指明在问题空间中的解题步骤,以及搜索所有可能的算子或途径,直至选择到有效方法解决问题。算法策略实质上是一个按照逻辑步骤以保证问题得到解决的一套规则或程序,是具有能够得出正确答案的特定步骤,即把解决问题的途径或方法进行尝试,并根据可运行的算子,进行有步骤的认知操作,最终使问题得到解决。例如,在密码箱上有3个转钮,每一转钮有0~9十个数字,现在采用算法策略,尽快找出密码并打开箱子,这时就要通过逐个转动三个数字转钮的算子,并进行随机组合尝试,直至找到密码并打开箱子为止。这种方法能保证问题得到解决,但费时费力。如果面临的问题非常复杂,利用算法策略就要进行大量尝试,因为其算子可能是不计其数的,因此,用算法策略很难解决比较复杂的问题。另外,有些界定不良问题很难使用算法策略加以解决。

启发式策略是指个体根据自己已有的知识经验,在问题空间内采取较少认知操作来解决问题的方法。启发式策略并不能保证问题解决能够获得成功,但是运用这种方法解决问题比较省时省力,效率较高。常用的启发式策略有手段—目的分析策略、逆向搜索策略、选择性搜索、爬山法和类比迁移策略。

④影响问题解决的因素

问题解决受到许多因素影响,既有社会因素和自然因素,又有客观因素和心理因素。从心理学角度来分析,解决问题的成败、速度以及质量等主要受到以下因素的影响。

知识表征的方式。知识表征的方式会影响问题的解决。例如,9点连线图问题,要求将图中9个点用不多于四条直线一笔连在一起。

刺激模式。刺激模式是指个体知觉到的问题组织形式,它对问题解决或起促进作用,或起阻碍作用。问题中元素的不同组织也能促进或妨碍问题解决。梅尔和伯克在一项研究中,向一组被试提出下列问题。

有人用 60 美元买了一匹马,又以 70 美元卖了出去。然后他又用 80 美元买回来,再用 90 美元卖出去。在这桩买马交易中,他赚了多少钱?

　　A. 赔了 10 美元　　　B. 不赔不赚　　　C. 赚了 10 美元
　　D. 赚了 20 美元　　　E. 赚了 30 美元

实验者将上面的问题稍加改变,呈现给另一组被试。有人用 60 美元买了一匹白马,又以 70 美元卖了出去。然后用 80 美元买了一匹黑马,又以 90 美元卖出去。在这桩买马交易中,他赚了多少钱?

　　A. 赔了 10 美元　　　B. 不赔不赚　　　C. 赚了 10 美元
　　D. 赚了 20 美元　　　E. 赚了 30 美元

梅尔和伯克发现,第一组大学生被试能够做出正确答案,即赚了 20 美元的不到 40%;而第二组被试都答对了。被试之所以在第一种说法中产生许多错误,是因为同一匹马,使被试把两次不同的交易看成一次了。由此可见,刺激材料的不同呈现方式,影响了问题在问题解决者大脑中的表征,从而影响了问题的解决。

功能固着。功能固着是指个体在解决问题时只看到某事物通常的功能,看不到它可能存在的其他方面功能,从而干扰问题解决的思维活动。功能固着是一种将某种物体的功能固定化的心理倾向。当一个人看到某个物体起某种作用时,要看到它的其他作用就比较困难,从而阻碍了问题解决。例如,看到锤子用于锤打的功能之后,看不到它能够压纸、防身等其他特殊功用。

德国心理学家邓克尔进行了功能固着的实验。在实验中,他将两支蜡烛、五颗图钉、一根绳子和一盒火柴放在桌子上,要求被试将蜡烛固定在墙壁上,并要求当蜡烛燃烧时,烛油不能滴在地板上或桌子上。结果发现,许多被试在规定时间内不能解决这个问题,他们想不到将装图钉的盒子作为蜡烛的支持物,而只把它的功能归于盛放图钉。后来进一步的研究发现,如果盒内装着图钉,20 分钟内正确解决问题的被试仅有 42%,而让盒子空着,正确解决问题的被试则高达 86%。这说明功能固着对前一种情况下被试的思维具有更大的干扰作用。

要突破功能固着的影响,就要培养功能变通的能力。功能变通是根据目的和任务,灵活使用各种条件。对任何事情都不能固定不变地看,要能从客观事物的一个方面变通到另一个方面,从工具的一种功能流畅地发散到另一种功能。拓宽思路,随机应变,才能克服功能固着对问题解决的影响。

问题解决定势。问题解决定势简称定势,是指问题解决者原有的知识经验对当前问题解决的心理准备状态。定势既可能在解决问题过程中发挥积极的作用,加快问题解决的速度,也可能使人的思维呆滞,限制个体根据实际情况灵活地解决问题,从而阻碍创造性思维的发展,影响问题解决的效率和质量。虽然定势对问题解决有使个体思维固定化、不寻求创新途径等消极影响,但也不能因此而忽略其运用已有方法迅速解决同类问题的积极作用。

原型启发。在问题解决的过程中,因受到某种客观事物的启发而找到解决问题的途径和方法的过程叫作原型启发。具有启发作用的事物称为原型。原型启发在创造性解决问题中起着很大的作用。橡胶厂因受面包放入发酵剂产生多孔、松软的启发而制造出了泡沫橡胶，鲁班受丝毛草划破手指的启发而发明了锯子等，都是原型启发的具体例证。原型对问题解决能否起到启发作用，一是看原型与要解决的问题是否具有特征或属性上的联系或相似性，相似性越强，启发作用越大。二是看个体是否处于积极的思维活动状态中。若个体不能积极主动地进行联想、想象和类比推理，即使事物之间存在很大的相似性，也难以受到启发。

动机和情绪状态。一个人的动机状态，对问题解决起着不同的影响作用。就动机的性质而言，如果一个人解决问题的动机越积极、越具社会价值，它对人的活动的推动力就越大，人们为解决问题进行的探索就越积极、越主动，活动效率就越高。就动机的强度而言，它对解决问题的思维活动的影响比较复杂。

人格特征。能否顺利解决问题与一个人的人格特征有着密切关系。心理学的研究表明，具有远大理想、意志坚强、勇于进取、富于自信、有创新意识、人际关系良好、果断、勤奋等人格特征的人，常常能克服各种内外困难，善于迅速而有效地解决问题。而鼠目寸光、意志薄弱、畏缩不前、懒惰、拘谨、自负、自卑、人际关系不良等人格品质，往往会干扰问题的解决。此外，一个人的智力水平、气质类型等也会在一定程度上影响解决问题的效率和方式。

**二、情绪情感过程**

情绪情感过程是指人脑对客观事物是否满足自身物质和精神需要而产生的态度体验，它是人对客观事物要求的反映。人非草木，孰能无情，人生活在社会中为了自身的生存和发展，就要不断地认识和改造客观世界，以期为人类文明的进步和发展创造条件。人们在变革现实的过程中，必然要涉及自然界和社会中的各种各样的对象和现象，必然要遇到得失、顺逆、荣辱、美丑等情境，有时感到高兴和喜悦，有时感到气愤和憎恶，有时感到悲伤和忧虑，有时感到爱慕和钦佩等等。这里的喜、怒、哀、乐、忧、愤、爱、憎都是情绪和情感的不同表现形式。

情绪情感是由客观事物引起的，但客观事物本身并不直接决定情绪和情感，它对情绪和情感的决定作用是以需要为中介的。凡是符合人需要的客观事物，就会引起肯定的情绪和情感。例如，渴望学习知识的人得到一本好书会感到满意，生活中遇到知己会感到欣慰，看到助人为乐的行为会感到敬慕，找到志同道合的伴侣会感到幸福等。这里的高兴、满意、欣慰、敬慕、幸福等都是肯定的情绪和情感。凡不符合需要或妨碍需要满足的客观事物就会引起否定的情绪和情感。例如，失去亲人会引起悲痛，无端遭到攻击会产生愤怒，工作失误会出现不满和苦恼，看到社会上某些不道德的行为会感到气愤等等。这里的悲痛、愤怒、不满、苦恼、气愤等都是否定的情绪和情感。

1. 情绪的分类及特征

(1) 情绪分类

我国古代思想家荀子将情绪划分为好、恶、喜、怒、哀、乐六类。在《礼记》中，情绪被分为喜、怒、哀、惧、爱、恶、欲七类。其中喜、怒、哀、乐是各种分类中最基本的情绪形式。

我国心理学家林传鼎将人的情绪归纳为安静、喜悦、愤怒、哀怜、悲痛、忧愁、愤急、烦闷、恐惧、惊骇、恭敬、抚爱、憎恶、贪欲、嫉妒、傲慢、惭愧、耻辱共十八类。

法国哲学家笛卡尔认为,人有惊奇、爱悦、憎恶、欲望、欢乐和悲哀六种原始情绪,其他情绪都是它们的组合或分支。1896年,德国心理学家冯特在《心理学大纲》中提出情绪的三维理论,认为情绪是由愉快——不愉快、激动——平静、紧张——松弛三个维度组成的,每一种具体的情绪都分布在这三个维度的两极之间的不同位置上。

20世纪60年代末,美国心理学家普拉切克(Robert Plutchik)以情绪的强度、相似性和两极性三个维度,把情绪划分为如图2-2所示的情绪三维模型。

在锥体截面上的八个扇形分别代表八种基本情绪:狂喜、警惕、狂怒、憎恨、悲痛、恐惧、惊奇和接受,它们都有其相应的适应及行为模式。相邻的情绪是相似的,对角位置上的情绪是对立的。锥体的垂直方向表示情绪的强度,自上而下表明情绪由强逐渐到弱的感受。普拉切克认为情绪的强度、相似性和两极性的不同组合就构成了人的各种各样的情绪体验。例如,在强度上的不同组合会产生不同的情绪体验模式:快乐+接受=爱;快乐+怒=骄傲;惊奇+接受=好奇;惧怕+接受=谦让;惊奇+怒=恨;快乐+怕=罪疚感;接受+悲哀=多愁善感;恐惧+期待=焦虑。

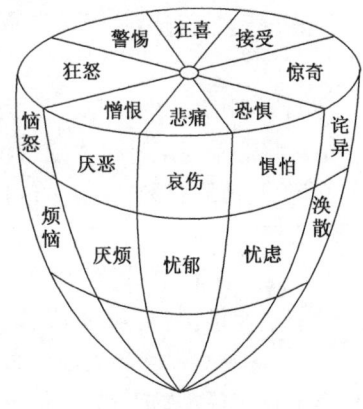

图2-2　普拉切克的情绪三维模型
(资料来源:斯托曼《情绪心理学》,1986)

(2)基本情绪

最基本和最原始的情绪是快乐、愤怒、悲哀、恐惧四种,它们与个体的基本需要相关联,具有很高的紧张性。

①快乐

快乐是达到盼望的目的后紧张解除时产生的舒适感受和体验。快乐的程度与达到目的的难易程度和或然率有关,其激动水平取决于自己愿望满足的意外程度。当目的突然达到时,紧张一旦解除,个体就会感到极大的快乐。

②愤怒

当个体遭受攻击、威胁、羞辱等强烈刺激而感到自己的愿望受到压抑、行动受到挫折、尊严受到伤害时表现的极端情绪体验。愤怒时,个体常会出现攻击、冲动等不可控制的言论和行为。愤怒的程度与个体的人格特征有关,也与情境对个体的压制状况和干扰的程度、次数、性质有关。因此,愤怒的产生是个体与所处环境之间交互作用的结果。

③悲哀

悲哀是个体失去某种他盼望或追求的事物时产生的主观体验。悲哀的强度依赖于自己所失去事物的价值,失去的事物越珍贵,价值越大,就越感悲哀。例如,亲人的去世会使人产生极度的悲哀,这与失去一般朋友是不同的。从强度上可以把悲哀分为遗憾、失望、悲伤、哀痛。悲哀带来的紧张释放是哭泣,哭泣既可以消除心理紧张,也是人的一种保护性反应。悲哀时的哭泣与不流泪的悲哀相比,对人的身心健康更有好处。哭泣释放已集聚的能量可以使个体消除不平衡的心理状态。

④恐惧

恐惧是企图摆脱、逃避某种危险刺激或预期有害刺激时产生的强烈情绪感受和体验。恐惧产生时,会伴随极度不安的主观体验、想逃离或进攻的欲望以及交感神经系统的兴奋、肌肉紧张、神经末梢收缩、呼吸急促、心跳加快等反应。引起恐惧的状况通常是熟悉环境中出现了意外变化,如危险、陌生、黑暗、奇异事物的突然出现,身体突然失去平衡以及他人恐惧情绪的感染等。恐惧的产生与人的认知预期有关,关键是自己缺乏应对可怕情境的能力。例如,当个体预期会看到完整的人,结果看到的是断手的无头尸体时,就会感到莫大的恐惧。因此,恐惧产生的直接原因是已形成的认知序列的紊乱,是人脑活动过程出现严重紊乱的结果。

(3)情绪状态

情绪状态是在某种事件或情境影响下,人在一定时间内产生的情绪体验,典型的情绪状态有心境、激情和应激,它们是依据情绪发生的强度、持续性和紧张度划分的。

①心境

心境是一种较微弱、平静而持续地带有渲染作用的情绪状态,是人在某一段时间内心理活动的基本背景,例如,最近心情舒畅或闷闷不乐等。心境具有以下明显特点:

首先,从发生强度和激动性看,心境是微弱而持续的情绪体验状态,它的发生有时自己都觉察不到或很难感受到。

其次,从持续时间看,心境是稳定的、持续时间较长的情绪体验状态,短则几天、几周,长则数月、数年。

最后,从作用的范围来看,心境不是对某些具体事物的特定体验,而是一种具有非定向、弥散性的情绪体验状态,即心境不指向某个特定事物,而是使人的整个精神活动和行为都染上某种情绪色彩。例如,当个体处于心情舒畅的愉快心境时,其一切活动都会以同样的情绪状态做出反应,干什么都兴致勃勃;反之,当处于悲观的心境状态时,干什么都没有信心。所谓"忧者见之而忧,喜者见之而喜"就是心境特点的真实写照。

引起心境的因素有很多。工作中的顺境和逆境、事业上的成功和失败、人际关系的亲疏、生活条件的优劣、健康状况的好坏乃至时令节气、环境景物、身体状况等,都是导致某种心境产生的原因。心境对人的学习、工作、生活和身体健康都有很大影响。积极、良好、乐观的心境会促使人发挥主观能动性,精神振奋,增强克服困难的勇气,提高活动的效率,同时有益于身体健康。消极、悲观的心境则会使人厌倦、意志消沉、颓废悲观,从而降低活动效率,并有害于身体健康。学会对心境的调节和控制,锻炼意志力,培养良好的人格特征,充分发挥理想和信念的作用,对克服消极心境、培养积极心境,提高学习、生活和工作的效率具有重要作用。

②激情

激情是一种强烈的、短暂的、爆发式的情绪状态。激情往往由与人关系重大的事件引起,例如,取得重大成功后的狂喜,惨遭失败后的绝望和沮丧等。激情状态的特点有以下五点:

爆发性。激情发生过程一般都是迅猛的,在短暂时间内把大量能量喷发出来,犹如火山爆发,强度极大。

冲动性。一旦激情发生，个体会被情绪所驱使，言行缺乏理智，带有很大的盲目性，出现"意识狭窄现象"，即个体在激情状态下，认知活动范围变得狭小，理智分析能力受到抑制，此时个体的自我调节能力下降，意志控制减弱，出现行为失控现象。

持续时间短暂。激情爆发后的短暂平息阶段，冲动开始弱化或消失，出现疲劳现象，严重时会出现精力衰竭的状况，对身边的事物漠不关心，精神萎靡。

确定的指向。激情一般都由特定对象或现象引起。例如，意外成功会引起狂喜，反之，目的没有达到会产生绝望。对个体意义重大的事件、对立意向、愿望冲突等都会导致激情。

明显的外部表现。在激情状态，可以看到愤怒时的"怒目圆睁"、狂喜时的"手舞足蹈"、悲痛时的"号啕大哭"等，有时甚至还出现痉挛性动作、言语过多或语无伦次。

激情是可以控制的，在激情发生的最初阶段有意识地加以控制，能够将危害性减少到最低限度，因此，一个人要学会控制激情的消极影响，不要把激情作为借口原谅自己的过失。一般在激情状况下，要学会合理释放和升华，通过适当转移注意点等方式来缓解和调控激情的消极影响。激情并非都是消极的，它也可以成为激励个体积极活动强有力的推动力。

③应激

应激是个体在生理或心理上受到威胁时出现的非特异性的身心紧张状态，表现在出乎意料之外的紧张状况下所引起的情绪体验。应激是人对意外环境刺激做出的适应性反应。例如，突然遭遇火灾、地震、歹徒袭击或面临重大比赛或考试时，个体需动员机体各部分处于紧急状态，使自己的精力集中于某件事，迅速做出抉择，并采取有效行动，这时其身心已处于应激状态。产生应激的原因主要是个体已有的知识经验与面临的事件所提出的新要求不相符，缺乏有效方法参照，就会进入应激状态以备应对。另外，由于个体经验不足，难以应付当前的境遇便会产生无能为力的失助感和紧张感。应激对人的活动影响很大，会表现出以下特点：

一是超压性。在应激状态下，个体会由于自己面临强烈刺激而承受巨大的心理压力，并聚集在情绪的紧张度上。

二是超负荷性。在应激状态下，个体必然会在生理和心理上承受超乎平常的身心负荷，因此，个体需要尽力调动体内各种能量或资源来应对重大的突发事件。

个体在应激状态下的反应有积极和消极之分。积极的反应表现为急中生智，及时摆脱危险境地，做出平时几乎不可能做到的事情。消极的反应则表现为惊慌失措、意识狭窄，导致感知和注意混乱，思维迟滞，行动呆板，正常处事能力水平大幅度下降。

研究表明，持续的应激状态会影响机体的生物化学保护机制，从而导致某些疾病的出现，如胃溃疡或高血压等多种疾病。一般说来，应激状态的某些消极影响是可以调节的。过去的知识经验、良好的性格特征、高度的责任感等都是在应激状态下阻止行为紊乱的重要因素。

2.情感的分类及特征

情感状态是与人的社会性需要相联系的主观体验，反映了人的社会关系和生活状况，是人类特有的心理现象。人类高级的社会性情感可以分为道德感、理智感、美感和热情。

(1) 道德感

道德感是个体根据一定的社会道德规范和标准,评价自己和他人的思想、意图及行为时产生的内心体验。当自己或他人的言论和行为符合社会道德规范和标准时,就会产生肯定性情感体验,如自豪、幸福、敬佩、欣慰、热爱等;否则就会产生否定性情感体验,如不安、羞愧、内疚、憎恨等。道德感内涵丰富,按其内容可分为自尊感、荣誉感、义务感、责任感、友谊感、民族自豪感、集体主义、爱国主义、人道主义、国际主义等情感。按道德感的表现形式可分为以下三种:

①直觉的道德感体验

直觉的道德感体验由对某种情境的直觉感知引起,具有迅速而突然的特点,对道德行为具有迅速定向的作用。例如,突如其来的自尊感激起某人的果断行为;突然产生的不安和内疚感阻止了某人不符合道德的行为等。直觉的道德感往往对道德行为准则的意识不明显,缺乏自觉的性质,主要是与个体的过去经验有关。

②形象的道德感体验

形象的道德感体验是通过联想某种具有道德意义的人或事物的形象而产生的情感体验。这种现象是作为社会道德标准的化身而产生的,可以使人更好地认识道德要求,体会其深刻的社会意义,扩大个人的道德经验。同时,这种形象生动、具体,经常给人强烈的感染力,成为产生道德行为的强大动力。青少年期的情感更容易与具体形象相联系,容易被英雄人物的优秀品质和事迹所感染和激励,从而产生道德感。

③伦理的道德感体验

伦理的道德感体验是以清楚地意识到道德观念、道德伦理为中介的情感体验,它具有较大的自觉性和概括性,以及一定的道德理论水平。例如,按照理想产生符合道德标准的行为而产生的自豪感和自尊心等。但伦理的道德感仍然是以直觉的道德感和形象的道德感为基础的。

道德感具有社会性、历史性,是品德心理结构的重要组成部分,并与道德认知、道德行为紧密联系在一起,对个体的活动产生巨大的推动、控制和调节作用,是重要的自我监督力量之一。

(2) 理智感

理智感是个体在对客观事物认知活动所得成就评价过程中产生的情感体验,主要表现在智力活动中的感受。探求事物的好奇心、渴望理解的求知欲、解决问题的质疑感、取得成就时的自豪感、对科学结论的确信感等都属于理智感。理智感是个体在认知活动过程中产生和发展起来的,对个体学习知识、认识事物的发展规律、探求真理的活动以及摒弃偏见、解放思想等具有积极的推动作用。理智感在人类中表现出共性,但仍受到社会道德观念和个人世界观的影响。因此,它是个体良好精神境界的体现,是追求真理的精神力量,是人们社会实践活动和科学研究的推动力量。理智感发挥水平如何还与个体已有的知识经验水平有关,反映了个体鲜明的立场和观点以及对世界观与理想的追求。

(3) 美感

美感是个体根据审美标准评价事物时的主观感受和获得理解的精神愉悦的体验。美感包括自然美感、社会美感和艺术美感三种。游览山水风光、大海波涛、夕阳晚霞等产生的美感属于自然美感;目睹见义勇为、淳朴诚实、谦虚坦率等行为和品质时产生的美感属于社会美感;欣赏艺术绘画、音乐舞蹈、戏剧魔术时产生的美感属于艺术美感。从内心体验角度分析,美感具有两个明显的特点:

①美感是一种愉悦的体验

自然界的美景使人心旷神怡,高尚的行为会使人在敬佩中享受美的愉悦,喜剧艺术使人在笑声中享受美的快乐,悲剧艺术使人在同情、赞叹中得到慷慨悲壮的美的感受。

②美感是一种带有好恶倾向的主观体验

美感表现了一个人对于美好事物的肯定和对丑恶事物的反感,以及对完美再现事物的美或丑的赞叹。

美感与道德感关系密切。无论是客观现实本身还是其在艺术作品上的反映,在他们激起个体美感的情感体验的同时,也往往会激起一定的道德情感。美感除了受被感受事物的性质、特点以及刺激的强度影响外,还受到社会环境制约,为人的社会生活所决定。在历史发展的不同阶段,人们在审美标准上存在着巨大差异。同时,在同一个社会的不同阶层,对美的标准和体验也存在着明显差异。但是,对于那些不涉及阶级利益的审美对象,例如,古代文物、大自然环境等能够成为人们共同的美的需要,由此也会引起具有共同性质的美感。每个人的审美需要、观点、标准和能力不相同,对同一对象的美感体验就不一样。不仅对美丑的评价、鉴赏能引起人的美感,而且对善恶的评价也会影响人的审美感受与体验。

(4)热情

热情是个体对人、事、物等肯定、强烈、稳固而深厚的情感体验。例如,对祖国、对人民的热爱,科学家对研究对象的执着和人们投入大自然怀抱的感受等都属于热情。

热情是一种高级情感,其中含有意志成分,对人的思想和行动具有巨大的推动作用,并在较长时间内决定着一个人的思想和行动的方向。具有热情的人,其生活丰富多彩,并始终坚持自己所追求的对象,具有旺盛的精力和百折不挠的毅力。热情具有积极性特征,积极的热情与个体目标的指向性密切相关,其社会价值取决于它指向的活动对象以及目标的社会意义。正如巴甫洛夫所说:"科学是需要人的高度紧张性和很大的热情的。"

**案例:辽宁省优秀巾帼志愿服务团队事迹展**

清原客运站巾帼志愿服务团队,开展"微笑服务、温馨客运"活动,站务人员从身边的点滴之事做起,从关怀身边的人做起,用雷锋式的微笑和饱满的工作热情,为旅客提供优质服务。客运站在候车大厅设立了便民服务台,为旅客准备了针线、药品、饮用水等物品。尽管站务员的收入较低,但她们对待旅客热情耐心、细致周到,让广大旅客高兴而来满意而归。她们在服务中杜绝推诿、杜绝顶撞、杜绝责难旅客;她们衣着整洁仪表美、和蔼可亲语言美、热情周到行为美、爱岗敬业心灵美;对待旅客做到来有迎声、问有答声、走有送声;同时还做到了接待旅客诚心、服务旅客热心、对待工作细心、解答问事耐心、听取意见虚心、对待特殊困难旅客尽职尽心。站务员时刻把关怀照顾老、弱、病、残、孕、幼等重点旅客作为重点工作来做,帮助他们代购车票、送水送药、提拿行包、搀扶就座、优先上车等。站务员真诚对待旅客,热心周到细致的工作,使旅客到了客运站就有宾至如归的感觉,受到了广大旅客的一致好评。平凡的旅客运输工作,很辛苦也很单调,一年四季寒来暑往,起早贪黑,每当传统佳节或重大节日时,也正是客流的高峰时期,繁忙的旅客运输任务,使得站务员放弃了与家人的团聚,工作在平凡的岗位上,忠于职守、埋头苦干、无私奉献(图2-3)。

图2-3 清原客运站巾帼志愿服务团队

3. 情绪和情感的关系

情绪和情感合称为感情,综合反映人的情绪和情感状态以及愿望、需要等主观感受体验。在日常生活中,情绪和情感一般不做严格区分,但作为科学概念,情绪和情感的内涵及外延存在一定的区别与联系。

(1) 情绪与情感的区别

从需要角度看,情绪通常与个体的生理需要满足与否相联系,例如,与饮食、休息、空气、繁殖等需要相联系的主观体验,是人和动物共有的。情感是人类特有的心理活动,通常是与人的社会性需要相联系的复杂而又稳定的态度体验,例如,爱国主义、集体主义、人道主义、荣誉感、羞耻心、求知欲、责任感等。

从发生角度看,情绪是反应性和活动性的过程,即个体随着情境的变化以及需要满足状况而发生相应的改变,受情境影响较大。情感是个体的内心体验和感受,是具有深刻社会意义的心理体验,例如,对真理的追求、对爱情的向往和对美好事物的体验等,虽然这些情感不轻易表露,但对人的行为具有重要的调节作用。

从稳定性程度看,情绪具有情境性和短暂性的特点,例如,色香味俱全的菜肴会引起个体的愉快体验,噪声会导致不愉快的感受,一旦这些情境不再存在或发生变化,相应的情绪感受也就随之消失或改变。情感则具有较大的稳定性和持久性,一经产生就相对稳定,不为情境所左右,稳固的情感体验是情感概括化的结果。

从表现方式看,情绪具有明显的冲动性和外部表现,如悔恨时的捶胸顿足、愤怒时的暴跳如雷、快乐时的喜笑颜开等。情绪一旦发生,强度一般较大,有时会导致个体无法控制。情感则以内蕴的形式存在或以内敛的方式流露,始终处于人的意识调节支配之下。

(2) 情绪与情感的联系

情绪与情感的区别是相对的,虽然它们表达的主观体验的内容有所不同,但两者又相互联系。一方面,情感离不开情绪,稳定的情感是在情绪的基础上形成的,同时又通过情绪反应进行表达;另一方面,情绪也离不开情感,情感的深度决定着情绪的表现强度,情感的性质决定了在一定情境下情绪表现的形式。情绪发生的过程往往蕴含着情感的因素。总之,情绪是情感的外部表现,情感是情绪的本质内容,两者紧密联系。

4.情绪和情感的外在表达

表情是个体在情绪和情感状态下生理和心理以及外部行为上表现的变化或活动。表情既是人与人之间交往和传递信息的重要手段,也是了解个体情绪和情感感受与体验的客观指标。人类的表情复杂而细腻,既可以表达各种心理内容,也可以表达语言不能表达或不便表达的心理状态。

人类的表情是在种系进化中发展并保留下来的,这是因为表情有助于人们的生存与发展,如果人与人之间不能表达情绪体验,人们将很难在一起生活、学习、工作和娱乐。因此,表情从其发生来说具有生物适应的价值,但又明显地受到社会文化、风俗习惯的重要影响,具有后天习得的性质,是人类社会生活中获得与表达情绪和情感的重要手段。

人类丰富的表情可以归纳为面部表情、身段表情和言语表情。面部表情是通过眼睛、额眉、鼻颊、口唇等肌肉变化表现出来的情绪体验。图 2-4 所示的表情与图片顺序的匹配是:高兴、惊奇、生气、厌恶、恐惧、悲伤和轻蔑。身段表情是指除面部之外身体其他部分表达的情绪动作,分为身体表情和手势表情。言语表情是个体通过言语的声调、速度、节奏等表现出来的情绪状态。言语表情中的语调表情又称为副语言。

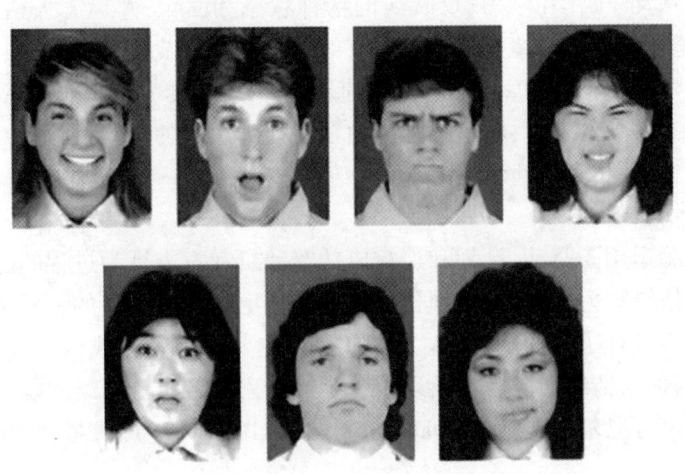

图 2-4　七种面部表情模式(资料来源:R.J. Gerrigetal,2002)

面部表情、身段表情和言语表情相互结合,共同组成了人类非言语交往的沟通形式,并在人际交往中发挥着重要作用。如图 2-5 所示的空姐标准礼仪,会让乘客感到舒适自在。在这三种表情中,面部表情起着主导性作用,身段表情和言语表情起着辅助性作用。在日常生活中,人们通过观察对方的表情来了解其主观感受或思想意图。但是,由于成年人的情绪和情感具有社会制约性,并可以通过自己的意识来调节和控制,因此,在他们身上会出现掩盖或隐藏真情实感的状况。在识别他人情绪与情感时,不能仅把表情作为情绪判断的唯一依据,而应该把表情与主观体验、生理唤醒等方面联系起来综合考虑。

图 2-5　空姐的标准礼仪

5. 情绪的自我调节与控制

(1) 情绪智力

情绪情感包括内在体验、表情和生理激活等成分。情绪与其他心理过程，如感知、记忆、想象、思维和动机有着复杂而又相互影响、相互作用的关系，因此不仅认知会影响情绪，情绪也影响人的认知活动、工作和学习，反映人的精神状态和面貌，并标志人格成熟的程度。人格成熟的人，知道如何保持情绪健康，自觉、有效地控制和调节自己的情绪，因而能够取得成功。美国耶鲁大学的萨洛维(Peter Salovey)和新罕布什尔大学的梅耶(John Mayer)于1990年首次提出了情绪智力的概念，将其描述为由三种能力组成的结构，这三种能力是：

①能准确认知、评价和表达情绪的能力；

②有效调节情绪的能力；

③将情绪体验运用于驱动、计划和追求成功等动机和意志行为过程的能力。

萨洛维在对情绪智力做了进一步研究后，把它界定为社会智力的一种类型，对情绪智力包含的能力和内容进行了新的阐述，认为情绪智力主要是能区分或认知自己与他人情绪的能力、调节自己与他人情绪的能力以及运用情绪信息去引导自己思维的能力的综合。

美国心理学家丹尼尔·戈尔曼(Daniel Goleman,1995)认为，情绪智力包括五个方面的能力：

①认识自身情绪的能力；

②妥善管理自己情绪的能力；

③自我激励的能力；

④认识他人情绪的能力；

⑤人际关系的管理能力。

以上五种能力与自知、自控、热情、坚持、社交技巧等非智力因素相关。

在对情绪智力理论进行多年研究后，萨洛维和梅耶为情绪智力构建了一个比较完整的结构，并对情绪智力的内涵作了全面概括。这些能力在个体的发展和成熟过程中具有先后次序和级别高低的区别，第一级能力最标准并最先发展，第四级能力比较成熟且要到后期才能发展。

第一级,对情绪的认知、评估和表达的能力。主要包括从自己的生理状态、情感体验和思想观念中辨认自己情绪的能力;通过语言、声音、仪表和行为从他人、艺术作品、各种设计中辨认情绪的能力;准确表达自己的情绪,以及表达与这些情绪有关的需要的能力;区分情绪表达中的准确性和真实性的能力。

第二级,情绪对思维活动过程的促进能力。主要包括情绪给予思维的引导能力;情绪生动鲜明,对与情绪有关的判断和记忆过程产生积极推动作用的能力;心境的起伏使个人从积极到消极摇摆变化,促使个体从多个角度、多个方面进行思维的能力;情绪状态对特定问题解决具有促进的能力。

第三级,理解和感悟情绪,在对情绪进行分析的基础上获得情绪知识的能力。主要包括给情绪贴上标签、认识情绪本身与语言表达之间关系的能力;理解情绪传达意义的能力;认识和分析情绪产生原因的能力。

第四级,对情绪进行成熟调节以促进心智发展的能力。主要包括以开放的心态接受各种情绪的能力;根据获得的信息,判断成熟进入或离开某种情绪状态的能力;成熟地监察与自己和他人有关的情绪的能力。

从萨洛维和梅耶对情绪智力的理论解释中可以看出,情绪智力与人的认知过程和情绪情感过程这两个基本系统紧密联系。它既反映了认知活动对人的情绪和情感的引导作用,例如,对情绪信息的认知、评价以及对情绪状态的思考、解释、感悟等,又反映了情绪活动对认知活动的促进作用,例如,情绪状态在人的认知活动过程中起到的引导认知方向、促进认知活动、使认知活动更加积极、更具适应性的重要作用,情绪智力揭示了由情绪引起并激发和促进人的心智发展的可能性。

情绪智力理论的提出使人们从理论上认识到,人是有能力调节和控制自己的情绪的,只是这种能力因人而异。情绪智力高的人,能够很好地觉察和意识到自己与他人的情绪状态,并能有效地调节和控制自己的情绪;而情绪智力低的人,则较难觉察和意识到自己与他人的情绪状态,只能听任情绪的摆布,产生不良的情绪体验以及错误的行为表现。

(2)不良情绪调控的一般方法

俗话说:"人有悲欢离合,月有阴晴圆缺。"人的一生中总会有不如意的事情发生,没有人可以时刻都保持愉快的情绪。人总会遇到令人烦恼、愤恨、悲伤的事情,因此会产生诸如焦虑、愤怒、悲哀等负面情绪,关键在于如何调节和控制这些负面情绪对自己身心健康的影响。

在负面情绪状态下,有机体处于一种应激状态,人的有机体会产生一系列生理反应。例如,腺体和神经递质的活动使有机体紧急动员起来,肌肉紧张,血压、心率、呼吸都会发生变化。这些变化有助于个体适应环境的变化,以维系个体的生存与发展。但是,长期的应激状态会击溃人体的生物化学保护机制,损伤人体的内脏器官,抵抗力下降,最终会导致心身疾病的发生。因此,用理智的力量控制自己的情绪,用适当的方法来转移和调节自己的情绪,对保持身心健康十分重要。怎样调节和控制负面情绪呢?一般要做到以下几个方面:

①觉知自己的情绪状态

在处于情绪状态时,主动认识到"我正在大动肝火""我很焦虑""我很伤心"等负面情绪,此时对自我状态暂时不做反应也不加评价,只是意识到自己的情绪起伏状态,这样就提供了一个选择和处理负面情绪的空间,或是约束、控制自己的情绪,或是任由情绪宣泄。只有在认识到自己的情绪处于什么状态时,大脑才有可能发出控制的指令,及时调控自己的行为。

②转移注意力

当认识到自己正处于激动的情绪状态时,就要有意识地转移注意力,以使它不至于爆发或难以控制。例如,转移话题,或者做点别的事情,改变注意焦点,从而分散注意力。做一些平时最感兴趣的事,这是使人从消极、负面情绪中解脱出来的好办法。在苦闷、烦恼时,不要再去想引起苦闷、烦恼的事,而是去玩游戏、打球、绘画、下棋、听音乐、看电视、读小说、阅读报纸等,或者多回忆自己觉得最幸福、最高兴的事,从而把消极的负面情绪转移到积极情绪上去,冲淡乃至忘却烦恼,使情绪逐步好转。

③合理地发泄情绪

学会合理地发泄消极和负面情绪,是排解不良情绪的有效方法。具体的方法有:

第一,在适当的场合哭泣。哭是一种有效解除紧张、烦恼和痛苦情绪的方法,尤其是对突如其来的打击造成的高度紧张和极度痛苦,哭可以起到缓解作用,因此有人提出"为健康而哭"的观点,认为人在悲伤时不哭是有害健康的。哭虽然会扰乱人体正常的生理功能,使人心跳、呼吸变得不规律,但它对人有益的一面就在于能宣泄悲痛,释放不良情绪。此外,人在不良状态下产生的眼泪中含有一种"毒素",排除后有益于身体健康。

第二,向他人倾诉。有了不良或负面情绪,可以向老师、父母、亲戚、朋友和心理咨询师倾诉,也可以和自己最亲近的人谈心,诉说委屈,发发牢骚,以此来消除心中的不良情绪感受。

第三,进行比较剧烈的运动。人在情绪低落时,往往不爱活动,而越不活动,情绪就越低落,形成恶性循环。事实证明,情绪状态会改变身体活动,身体活动则可以改变人的情绪状态。例如,改变走路的姿势,昂首挺胸,加大步幅,加大双手摆动的幅度;或者通过跑步、干体力活等比较剧烈的活动,把体内积聚的能量释放出来,使郁积的怒气和其他不愉快的情绪得到宣泄,从而改变消极的负面情绪状态。

第四,放声歌唱或大声喊叫。雄壮的歌曲可以振奋精神,放声歌唱可以提高士气。在憋闷时,找个适当的场合大声喊叫,可以把心中郁积的不良"能量"释放出来,也能解除心中的烦闷。

④主动用语言控制调节情绪

语言是人类特有的高级心理活动,语言暗示对人的心理乃至行为具有有效的舒缓作用。当不良或负面情绪要爆发或感到心中非常压抑的时候,可以通过语言的暗示作用来调整和放松心理上的紧张,使不良情绪得到缓解。当将要发怒的时候,可以用语言来暗示自己:"别做蠢事,发怒是无能的表现,发怒既伤自己,又伤别人,于事无补。"这样的自我提醒,就会使自己的心情平静一些。我国历史上的禁烟功臣林则徐脾气很大,他为了控制自己的怒气,在中堂挂了写有"制怒"二字的大条幅,以便随时提醒自己。当遇到挫折时,用诸如"失败乃成功之母""山重水复疑无路,柳暗花明又一村""锲而不舍,金石可镂"等名言警句来激励自己,也是调节和控制不良情绪的有效方法。

### 三、意志过程

意志过程是指人自觉地确定目的,克服内部和外部困难,力求实现预定目的的心理过程。这种有意识地调节和支配自己行为,以实现既定目的的心理活动,是人的意志的体现,也是人与动物的本质区别。人的意志行为体现在发动和制止两个方面,它激励并调节着人去从事达到目的的行为,制止与预定目的不相符的言论和行为。例如,任何情况下,客运服务人员都要时刻保持微笑,以热情的工作态度为每一位旅客服务。

1. 意志的含义

意志是指一个人自觉地确定目的,并根据目的来支配和调节自己的行动,克服种种困难以实现预定目的的心理过程。意志是人类特有的心理现象,是人的意识能动性的集中表现。有无意志是人和动物最本质的区别之一。在世界上所有动物中,只有人能够在自己从事活动之前,将活动结果作为活动目的存储在大脑中,并以此来指导自己的行动。动物虽然也能够作用于环境,但是,有些看似"有目的"的动物行为,并不是自觉的意识能动性的表现。"如果说动物不断地影响它周围的环境,那么,这也是无意地发生的,而且对动物本身来说是偶然的事情。但是,人离开动物越远,他们对自然界的作用就越带有经过思考的、有计划的、向着一定的和事先知道的目标前进的特征。""一切动物的一切有计划的行动,都不能在自然界上打下它们的意志的印记。这一点只有人才能做到。"可见,动物作为自然界的一部分,以自身的活动适应周围环境,动物的活动虽然也改变环境,但是它在自然界并没有留下意志的痕迹,而人类则通过自觉的活动来改造自然,在与自然界进行物质和能量的交换中留下人类意志的烙印。因此,只有人类才能预先确定一定的目的,有组织地去逐渐实现这一目的,即人类是通过意志,通过内部的意识事实向外部动作的转化,达到认识世界和改造世界的目的。

2. 意志品质

意志品质是由个体意志行为特点构成的稳定的心理特性的总和。例如,在意志行动中,有人能独立地做出决定,有人则易受他人暗示;有人行动果断,有人处事优柔寡断等。当轨道交通车站出现突发事件时,有的工作人员能挺身而出进行客流组织,其意志力是十分重要的影响因素。

**案例:火灾险情处理　沉着冷静有序**

某日,D710次列车于22:13到达苏州站时,列车员小陆忽然闻到从5号车厢飘过来一股烟味,他立即通知机械师。机械师赶到5号车时,列车长小付正在列车中部通知司机(22:15)关门。列车刚启动,得知情况后的列车长与乘警急忙赶赴现场,发现在5号车厢5号房间内有烟雾飘出。机械师立即切断电源,列车长与机械师确认后,22:17通知司机要求临时停车处理(列车临停苏州站),并进行全车广播致歉(内容为:因设备故障造成列车临时停车,现进行检修,给您造成的不便敬请谅解)。列车长通知列车员小陆将5号车厢旅客疏散至临近车厢,疏散时有旅客要求下车,列车员及时安抚旅客情绪,将旅客疏散至8号车厢并递上茶水进行安抚,得到旅客谅解。疏散完毕后,机械师发现电视机显示屏及顶板处有火星,立即使用5号车A端的干粉灭火器对火星点进行喷射,这时列车长与段生产指挥中心联系,汇报车内情况,为避免险情复发,机械师又使用了4号车A端的水基型灭火器进行喷射。22:26火情得到控制,列车长随即联系客调,汇报车内情况,请求客调安排因晚点造成需中转的旅客转运。列车于22:34启动,经客调联系,列车在23:07到达无锡站临停,机械师下车再次处理,进行外观检查,险情排除后,客调要求使用原车底继续运行。列车安全抵达北京南站,比原先9:22到达晚点44分钟。在整个扑救、疏散过程中,班组五乘一体,始终保持沉着冷静,列车长和机械师站在抢险第一线,险情排除后,主动面对旅客做好解释致歉工作,并在最短的时间内有序安排了5号车厢的旅客。

(1) 意志品质的特征

意志品质主要包括意志的自觉性、果断性、自制性和坚韧性,它们在人的意志行动中贯彻始终,反映了个体所具有的意志水平,是人格的重要组成部分,并直接影响个体的行为结果。

①意志的自觉性

意志的自觉性是指个体在行动中具有明确的目的,能认识到行动的社会意义,并能够主动调节和支配自己的行动以服从社会要求的意志品质。

意志自觉性强的人具有坚定的立场和信仰,相信自己的目的是正确的,能够把自己的热情和力量投入行动之中,并力求使行动具有良好的社会价值。同时,由于坚信行动目的是正确的,因此会千方百计地克服困难,充分发挥自己的主观能动性,绝不轻易放弃目的,在遭遇失败或挫折时,能够冷静地分析原因,正确做出评价并及时调整行动方案。意志自觉性品质不但表现在对行动目的的社会意义与社会价值的自觉认识上,也表现在坚决执行决定、实现预定目的的态度与自觉行动上。意志自觉性品质贯穿整个意志行动始终,是坚强意志力的支柱。

与意志自觉性相反的意志品质是受暗示性和独断性。受暗示性是指在行动过程中表现为缺乏主见,易受他人的影响并经常不加分析地接受他人的思想和行为,既容易动摇也会轻易地改变或放弃自己原先做出的决定,表现为"人云亦云,人行亦行"的盲目行动。独断性是指盲目地自主决定,一意孤行并一概拒绝他人的意见、规劝或建议,从表面上看,似乎是独立地采取决定、执行决定,实际上是缺乏意志自觉性品质的表现。这种人往往表现为坚持己见,以自己的意愿替代客观事物发展的规律,当客观环境发生变化时,不能对自己的目的、计划、决定与行动给予合理调节。受暗示性和独断性都是不良的意志品质。

②意志的果断性

果断性是指个体根据客观环境变化的状况,迅速而合理地做出决定,并实现所做决定的心理品质。具有果断性品质的人能够全面而深刻地考虑行动的目的,以及达到预定目的的计划与方法,虽然在处理某事情的时候会出现复杂的、剧烈的内心冲突,但在动机斗争过程中,能够沉着冷静,明辨是非,当机立断,及时做出决定。在不需要立即行动或在情况发生变化时,能够马上停止或改变已执行的决定。

意志果断性品质是以意志自觉性品质为前提的,并与个体的智慧的批判性和思维的敏捷性相联系。由于意志行动的目的明确,是非明辨,才能毫不踌躇地采取坚决的行动。但处在复杂情境中表现出来的高水平的果断性并不是每个人都会具有的,它必须以正确的认识为前提,以深思熟虑为条件。

与果断性相反的意志品质是优柔寡断和草率决定。优柔寡断是指在做出决定和执行决定时总是顾虑重重,犹豫不决,一直处于动机斗争状态而迟迟不做决定。这种人尽管考虑很多,但由于长期处于动摇不定之中,经常对自己所做决定的正确性存在怀疑,当要其必须做出抉择时,又会任意选择而无信心去完成,因此往往一事无成,甚至造成不可挽回的损失。草率决定是指对事情缺乏深思熟虑,不顾后果而草率行事,这种人尽管做出决断迅速,却缺乏根据,有时是一时冲动,或者只是想尽快摆脱由此带来的不愉快心理状态,因此,经常导致失败。优柔寡断和草率决定都是不良的意志品质。

③意志的自制性

自制性是指个体善于根据预定目的或既定要求,自觉地调节和控制自己的心理活动和行为表现的意志品质,反映了意志对人的心理与行为的抑制功能。具有自制性意志品质的人,既善于调节和控制自己去执行所采取的决定,又善于抑制与活动目的相违背的心理活动与行为,其主要特征是情绪稳定、注意集中、记忆力强和思维敏捷。

与自制性相反的意志品质是任性和怯懦。任性的人表现为不善于约束自己的言论与行为,经常感情用事,为所欲为。怯懦的人则表现为胆小怕事、遇到困难时惊慌失措或畏缩不前。任性和怯懦都是不良的意志品质。

④意志的坚韧性

坚韧性是指在实现预定目的的行动中,坚持不懈并能在行动时保持充沛精力和毅力的意志品质。具有坚韧性意志品质的人,面对困难和挫折不屈不挠,善于从失败中总结经验教训,能够坚定不移地把已开始的行动进行到底,善于抵御不合目的的主客观诱因的干扰,做到目标专一,矢志不渝。坚韧性是人的重要的意志品质,一切有成就的人都能不屈不挠地向既定目标前进。

与坚韧性相反的意志品质是动摇性和顽固性。动摇性是指立志无常、见异思迁,尽管有行动目的,但是往往虎头蛇尾,遇到困难就动摇妥协而放弃对预定目的的追求。顽固性是指只承认自己的意见或论据,当实践证明其行动是错误时仍固执己见,我行我素。动摇性和顽固性虽然表现形式不同,其实质都是不能正确对待行动过程中的困难,属于消极的意志品质。

(2)意志品质的培养

人的意志品质不是天生的,而是在后天的生活实践的过程中逐步形成的。

①加强科学的世界观教育

世界观是人认识活动的定向工具和行为调节器。树立科学的世界观,才能使人正确地确立自己的行为目的,对一切个人、团体的思想和行为做出实事求是的正确评价,明辨是非、善恶和荣辱,使人具有高度的责任心,明确生活的目的和对崇高理想的追求。崇高理想应与学习、工作和生活相结合,用理想指导生活。

②在实践活动中与困难作斗争

坚强的意志是在克服困难的实践活动中形成和发展起来的。积极参加实践活动,对实践活动中存在的问题努力采取方法去解决,与困难进行斗争,能够提高人的意志力。

③充分发挥集体和榜样的教育作用

在具有良好风气的集体中,人们之间团结互助,珍惜自己所属的集体,尊重集体的意见,执行集体委托的任务,努力为集体争光而不损害集体的荣誉。对集体的义务感和荣誉感有助于自制、刚毅、勇敢等意志品质的形成。

榜样在意志品质的培养中占据重要的地位。可选择社会上的先进人物做榜样,更要善于从职工周围的生活中、熟悉的人们中选取典型,为他们树立坚强意志的榜样。在这样的榜样面前,可能因为心理距离小,使人感到亲切,更容易接受。

④加强意志的自我锻炼

周围人们的影响、集体委派的任务、榜样的教育等,必须通过自我锻炼才能真正起作用。加强意志的自我锻炼,要养成自我检查、自我监督、自我鼓励等习惯。

**四、意志与认知、情绪情感的关系**

意志与认知、情绪和情感是统一的心理过程的不同方面,它们之间紧密联系,相互制约,相互渗透。

1. 认知过程与情绪情感过程

①认知过程是情感产生的基础。世上没有无缘无故的爱,也没有无缘无故的恨,人们所有的情感产生都是基于相识相知,一个正常的人不可能对毫不相干的陌生人产生爱或恨的情感。

②情感过程能反作用于认知过程,这种反作用既有积极的,也有消极的。人们常说患难见真情,当然也有因为爱之深所以恨之切,这就是一种消极的反作用。

2. 意志过程与认知过程

①意志过程是以认知过程为前提的,离开了人的认知过程,意志过程就不可能产生。自觉的目的性是意志行动的基本特征之一,人的任何目的都不是凭空产生的,都是在认知活动的基础上形成的。目的虽然是主观的,但它们却是来源于人对客观事物的认识的结果。人在选择目的和采取方法与步骤的过程中,审时度势,分析主客观条件,回忆过去的经验,设想未来的结果,拟订方案和制订计划,对这一切进行的反复权衡和斟酌等,都必须通过感知、记忆、思维、想象等认知过程才能实现。因此,只有认识了客观规律和人类需要之间的关系,才可能提出切合实际的目的,才能以一定的方式和方法实现目的。例如,企业家在决定重大投资项目前,必然会对项目进行深入的了解,进行反复的比较,这就是对投资项目的深入认识过程,最后才会做出决定,或放弃项目投资,或确定参与投资的途径、步骤、方法等。在客运过程中,旅客或服务者的一些重要决策也是如此。这就是意志过程,取决于认识过程的深度。

②意志过程对认知过程也有很大影响。没有人的意志努力,就不可能有认知过程,更不可能使认知活动过程深入和持久。因为在认知活动过程中,人总会遇到这样或那样的困难,要克服困难,就需要做出意志努力。例如,观察的组织、有意注意的维持、追忆的进行、解决问题时思维活动的展开以及想象的形象化进程等,都离不开人的意志的参与。可见,如果没有意志,就不会有认知活动,更不可能进行有效的社会实践活动。同样在企业家的投资决策事例中,企业家只对项目的发展前景和投资的盈利感兴趣,这就决定了企业家对投资项目的再认识更具有方向性和目的性。

3. 意志过程与情绪情感过程

①情绪和情感既可以成为意志行动的动力,也可以成为意志行动的阻力。当某种情绪和情感对人的活动起推动作用的时候,它就会成为意志行动的动力。例如,积极的心境对学习或工作具有促进作用,社会责任感会促使个体努力学习、辛勤劳动。当某种情绪和情感对人的活动起阻碍作用的时候,它就会成为意志行动的阻力。例如,消极的心境会影响人的学

习和工作状态,高度焦虑的情绪会妨碍个体意志行动的执行,动摇乃至削弱人的意志,阻碍预定目标的实现。

在轨道交通车站客流组织时,服务人员正常的微笑、热情的服务能给旅客带来愉悦的心情,旅客也就更愿意配合服务人员的管理工作。

②意志能够调节情感,控制情绪,使情绪服从人的理智。个体在工作或学习中面对困难而产生的消极情绪,可以通过自己的意志加以调节和控制,从而使自己的意志行动服从理智的要求。例如,人既能够调节和控制由于失败或挫折带来的痛苦和愤怒的情绪,也能够控制和调节由于胜利带来的狂喜和激动,当然这取决于一个人意志力水平的高低。

在轨道交通突发运营事件时,意志坚强的旅客所表现出来的镇定态度在很大程度上可以影响到他周围的旅客,同样,旅客中的惊慌失措情绪也往往造成客流秩序的混乱。因此,在遇到突发事件时,车站管理和服务人员必须以身作则,用自己的镇定情绪,影响旅客,保持车站正常的客流秩序。

总之,人的认知过程、情绪情感过程和意志过程是密切联系、相互影响的。意志过程要以一定的认知和情感为依据。认知为意志确定目的,调节行动,情感则激励其行动。反过来,意志又推动认知,并控制情绪。在实践活动中,这三种心理过程总是彼此渗透,构成统一的心理活动。

## 第二节 人 格

人格也称个性,这个概念源于希腊语 Persona,原来主要是指演员在舞台上戴的面具,类似于中国京剧中的脸谱,后来心理学借用这个术语用来说明:在人生的大舞台上,人也会根据社会角色的不同来更换面具,这些面具就是人格的外在表现。面具后面还有一个实实在在的真我,即真实的自我,它可能和外在的面具截然不同。

人格是探讨完整个体与个体差异的心理特性。人格概念具有多义性,综合各研究取向的观点,可以把人格概括为:人格是构成人的思想、感情和意向特有整合的独特行为模式,其中包含一个人区别于他人稳定而统一的心理品质,是个体在社会化过程中形成的具有特色的心身组织,表现为个体在适应环境时,其需要、动机、兴趣、态度、价值观、气质、性格、能力等多方面的整合,具有动态的一致性和连续性。人格具有丰富的内涵,反映了人的本质特征。

### 一、人格概述

1. 人格的形成

心理学有很多理论说明人格的形成。尽管有不同的观点和流派,但对我们大多数人来说,人格的形成是先天的遗传因素和后天的环境、教育因素相互作用的结果。先天的遗传因素即素质,是婴儿出生时所具有的解剖的和生理的特性,包括脑和神经系统类型、内分泌腺以及身体外表的特征等。比如,心理学家巴甫洛夫发现,神经过程平衡的人能有效地分配注意力,同时做好几件事情;不平衡的人,如兴奋占优势的神经类型则在分配注意力上有一定困难。又如,荷尔蒙中的某种成分分泌过剩,容易产生兴奋,分泌不足,则容易产生疲劳,这都会引起孩子个性的变化。此外,人的身体外表也会引起人格问题。我们都有这方面的体会,从小时候起,我们就把自己的体格、容貌、身体的姿态特征与其他人相比较,总希望自己比别人有更好的身体条件。如果觉得自己不如别人,往往会引起对自己本身的期待或自卑感体验。我们在一次调查中发现,有高达15.3%的独生子女对自己的相貌、体形很不满意,比较不满意的也达42.3%,也就是说,近70%的孩子觉得自己的相貌、体形有点问题或有很大问题。从心理学的观点看,这些孩子的人格发展或多或少会受到影响。总的说来,人格就是在这个自然基础上形成和发展的。

对大多数身体健康、发育正常的人来说,先天的遗传因素会起一定的作用。据北京师范大学心理学教授陈会昌介绍,行为遗传学的最新研究证明,遗传对人格(总体上)的影响占50%。但是,其人格发展也受个体的生活史以及社会历史条件的影响。一些儿童心理学家对个体生活史的作用有很好的描述。例如,埃里克森指出人在生长过程中有一种注意外界的需要,并与外界相互作用,而个人的健全人格正是在与环境的相互作用中形成的。班都拉指出一个人的行为的获得是对他人的行为、态度和各种反应的模仿和认同,如,孩子经常模仿父母的行为、语言等。罗杰斯强调自我概念及其与现实的协调,认为理想的自我概念是个体所希望的自我形象。人格很重要的方面是自我与现实之间的和谐,以及自我和理想的自我之间的和谐。这些描述可以概括为一句话:后天的环境、教育因素对儿童人格发展将有非常重要的作用。

2. 人格的结构理论

(1) 弗洛伊德人格结构理论

西格蒙德·弗洛伊德(Sigmund Freud,1895)曾提出著名的冰山模型(意识、潜意识、前意识),潜意识在冰山之下,前意识在水的界面之间,意识是露出水面的部分,潜意识占绝大部分。但后期他重新提出了结构模型,而放弃再将地形模型看作一种人格结构理论。值得注意的是,结构模型除了是一种人格结构模型外,从更本质的意义上讲,是一种人格动力学模型。

结构模型将人格分为三部分:本我、自我与超我。

本我(Id):位于无意识中的本能、冲动与欲望构成本我,是人格的生物面,遵循"快乐原则"。

自我(Ego):介于本我与外部世界之间,是人格的心理面。自我的作用是一方面能使个体意识到其认识能力;另一方面使个体为了适应现实而对本我加以约束和压抑,遵循的是"现实原则"。

超我(Superego):是人格的社会面,是"道德化的自我",由"良心"和"自我理想"组成,超我的力量是指导自我、限制本我,遵循"理想原则"。

本我、自我和超我之间不是静止的,而是始终处于冲突——协调的矛盾运动之中。本我在于寻求自身的生存,寻求本能欲望的满足,是必要的原动力;超我在监督、控制自我按照社会道德准则行事,以保证正常的人际关系;而自我既要反映本我的欲望,并找到途径满足本我欲望,又要接受超我的监督,还要反映客观现实,分析现实的条件和自我的处境,以促使人格内部协调并保证与外界交往活动顺利进行,不平衡时则会产生心理异常。

自我只有处理好与本我、自我、超我之间的关系,心理才不会发生异常。

(2) 分析心理学人格结构理论

卡尔·荣格(Carl Gustav Jung)(分析心理学)认为,人格是一个极其复杂多变的结构,又是一个层次分明、相互作用的结构,由意识、个体潜意识和集体潜意识三个层次组成。

意识是人格中唯一能被个体觉知的那部分。在精神分析中,它由当前处于焦点的信息构成。

个体潜意识是潜意识的表层,包括一切被遗忘的记忆、知觉以及被压抑的经验。荣格认为,个体潜意识的内容大部分是情结。情结被认为是一组具有情绪色彩的观念。荣格早期认为,情结来自个体的童年经验,后来发现,情结最深层的根源是集体潜意识。但荣格后期发现,情结对个体不一定都起消极作用,有时可成为个体活动和灵感的源泉。

集体潜意识是遗传的,为集体共有,反映了人类进化过程中的集体经验,是人类必须对某些事情做出特定反应的先天遗传倾向。

(3)层级模型人格结构理论

汉斯·艾森克(Hans Eysenck,1976)采用因子分析的方法,提出了人格层级模型(人格结构层次理论)。该理论本质上是一种特质流派的模型,因此实质上是将人格(对人格的评价)分为 N 个特质(维度),每一特质的分布在人群中符合正态分布假设。把所有特质归为三个基本的人格维度,即内外向性、神经质、精神质。人格层级模型各水平实际上是不同水平的特质,因此每一特质都基于正态分布假设。

该理论将人格结构分为超级特质、特质、习惯化反应和特定性反应四个水平。

超级特质水平:基于人格特质的相互关系而显示的类型,属一般因素。分为三因素,外倾性(表现为内、外倾的差异)、神经质(表现为情绪稳定性的差异)、精神质(表现为孤独、冷酷、敌视、怪异等偏于负面的人格特征)。

特质水平:由一个人的习惯反应所构成的个人的人格特质,属群因素。是超级特质的子结构,如,外倾性由社会性、冲动性、活动性、活泼性、兴奋性五因素构成。

习惯化反应水平:例如重复实验或生活情境重新出现,一个人就会以相似的方式反应,属特殊因素,是特质的子结构。

特定性反应水平:个体对一次实验性试验的反应或在日常生活中所表现出来的一些最基本的"个别反应"(如最简单的一举一动),属误差因素,是习惯化反应的子结构。

(4)人性结构

从空间的结构上讲,人性的要素包含行为、形体、情感、精神、认知、目的、历史、未来、多面和多变十个基本层面。在时间的作用下,行为决定关系,形体造就特征,情感影响态度,精神成就气质,认知左右能力,目的决定计划,历史带来经验,未来设定理想,从而人性的内容可以概括为行为关系、形体特征、情感态度、精神气质、认知能力、目的计划、历史经验、未来理想、多面多维和多变多态十大类,各类之间有过渡,因而产生新的性质,总共十八大类。

①开放性:描述是否愿意与人交往,注重和谐发展;
②完美性:描述追求完美,重视目标计划的程度;
③较真性:描述对事物的钻研和完善程度;
④认知性:描述是否重视积累知识,包括聪明程度;
⑤成就性:描述是否注重成就的程度;
⑥力量性:描述是否愿意支配和影响他人;
⑦浪漫性:描述浪漫程度;

⑧给予性:描述是否愿意给予他人,包含仁爱、慈孝、正义等;
⑨活跃性:描述情绪的兴奋和活跃程度;
⑩形体性:描述形体特征的状况以及重视享受的程度;
⑪疑惑性:描述是否倾向于探究他人的动机;
⑫随和性:描述和平、随和与安静的程度;
⑬传统性:描述对传统的坚守程度;
⑭自由性:描述重视自由的程度;
⑮智慧性:描述创造能力,智慧程度;
⑯想象性:描述重视想象,追求至善的程度;
⑰多面性:描述性格复杂程度;
⑱多变性:描述机敏的程度。

性格是人性发展的格调(级别或程度),十八大类人的性质,每类有四个级别,这样共有七十二个性格。

3. 人格的特征

人格具有整体性、稳定性、独特性和社会性特征。

(1) 整体性

人格是人的整个心理面貌,是由多种成分结合而成的有机整体,例如气质、性格、需要、动机、价值观、人生观、世界观等,它们紧密联系,综合成为具有内在一致性的品质。人的行为不仅是某个特定品质运作的结果,而且是与其他成分紧密联系、协调一致进行活动的结果。就像一辆汽车的每个部件都必须紧紧相扣才能顺利运行一样,人格的各个部分也是作为整体协调一致地朝着确定目标运作的。

人格是统一的整体结构。每个人的人格特征并不是孤立的,也不是各种特征的简单堆积,而是按照一定的内容有规则地结合起来构成一个有机整体,具有内在一致性,并受到意识的调节与控制。当一个人的人格结构中各个方面彼此和谐一致时,就会呈现出健康的人格特征;否则就会导致精神失常,产生对环境的极度不适应,即所谓的"精神分裂"人格特征。"精神分裂症"就是精神内部整体统一性丧失的结果,患者的思想、感情、意向等心理机能整体性丧失,行为表现不一致,导致与环境的不协调。

(2) 稳定性

人格具有稳定性特征,即不随时间或情境的变化而显著变化。那些偶尔表现出来的特征不能称为人格特征。例如,一个处事稳重的人偶尔表现出轻率的举动,不能说他具有轻率的人格特征。俗话说"江山易改,本性难移",就形象地说明人格的稳定性特征。

人格的稳定性表现为两个方面:人格跨时间的持续性和人格跨情境的一致性。跨时间的持续性表现在个体的"自我"持久性上,即不管在人生的什么时期,从事什么工作,是贫穷还是富裕,幸福还是不幸,都认同自己是同一个人。跨情境的一致性表现在不管身处何地,在校内还是校外,在家里还是工作单位,仍然是同样的特质或类似的行为特征。

人格特征并非在短时间内形成,它经历了个人的成长期,随着年龄的增长,儿童时期的人格特征逐渐稳定并巩固下来。因此,心理学往往通过对个体在儿童时期人格的特征来推测其今后的人格特质以及对环境的适应状况。

人格并非一成不变,人格稳定性是指个体已经定型的人格特质持久保持。随着生活环境的改变以及实践方式的变化,人格也会发生某些变化,例如,自我观念、价值观、人生观和信仰等都会影响个体人格的某些特征。但是,人格的变化与行为的改变是不同的。行为的改变往往是表面现象变化,一般是由各种不同情境引起的。因此,行为的改变并不都是人格的改变,人格的变化是比行为的改变更深层次的内在特质的变化。

(3)独特性

人格的独特性是人格最显著的特征,指每个人的心理和行为都是存在差异的。由于人格是在个体遗传、成熟等先天因素与环境、教育等后天因素的相互作用下形成的,每个人的遗传素质和生活环境不同,所受的教育以及从事的活动各异,因此形成了各自独特的心理特点,在能力、气质、爱好、认知方式以及价值观等方面,都以自己独特的方式与环境相互作用。人与人之间没有完全相同的心理面貌。俗话说"人心不同,各如其面",说明每个人在遗传、成熟、环境、受教育等方面存在着很大的差异,并形成了各自独特的心理特点,比如有人内向、有人外向、有人固执、有人执着等。

人格虽然具有独特性,但并不排除人与人之间在心理活动和行为表现上的共同性。人类文化造就了共同的人格特征,同一民族、同一阶层、同一群体的人们具有相似的人格特征。因此,人格是独特性和共同性的辩证统一,共同性寓于独特性之中,并通过个人的行为表现出来。

(4)社会性

人具有生物属性,更具有社会性。人格的社会性是指社会化把人的自然特性转变为以社会性为主的个体。人格是社会人所特有的,是个人在与他人的交往中不断习得与掌握社会经验和行为规范而获得自我的过程。

人格不是天生具有的,初生的婴儿并不会表现出善良或邪恶,也不会显示出勇敢或怯懦。如果他们脱离了人类社会或者没有受到社会环境的影响,就不可能形成人格,或不可能形成良好的人格特征。因此,人格既是社会化的对象,又是社会化的结果。人格是在个人的生物因素与社会因素的相互作用过程中形成的,是人的自然性和社会性的综合,但人的本质是社会性。

人格是一个人在生活、工作、事业上成功与否的重要原因之一。人格决定着人的生活方式,甚至决定着人的事业成功与否,因此在现实生活中,经常运用人格特征来说明某人言论与行为产生的原因。例如,有人面对挫折奋发努力,有人面对困难消沉颓废。当人格发挥其正常功能时,表现为健康、有力,支配着个体去争取成功;而当人格功能失调时,则表现为软弱、失控,甚至变态。

**二、人格和旅行行为**

1. 旅行者的人格类型

(1)根据生活表现划分

根据旅行者在生活中的表现,旅行者人格类型可以分为:正常的旅行者、神经质的旅行者、依赖性的旅行者、使人难堪的旅行者四大类。对于神经质的旅行者,我们没有选择客人的权利,只能给他们更多的舒适、方便、准时、抚慰和尊严;对于依赖性的旅行者,这类客人需要更多的关注和提示,因为他们需要详细掌握旅客运输方所提供的服务项目、收费情况等;

对于使人难堪的旅行者,我们对这类客人要谨慎、周到、注意细节,在服务过程中要给予更多的关注。

(2)根据性格倾向划分

根据旅行者的性格倾向,旅行者人格类型可以分为心理中心型与他人中心型两大类。他人中心型旅行者往往成为新旅行目的地的第一批拓荒者和宣传者;而心理中心型旅行者往往是前者的追随者,成为新旅行目的地的后续旅客。表2-4为心理中心型与他人中心型旅行者的行为特点。

心理中心型与他人中心型旅行者的行为特点　　　　　　表2-4

| 心理中心型 | 他人中心型 |
| --- | --- |
| ①选择熟悉的旅行方式;<br>②与人交谈及接听电话,声音较大;<br>③喜欢正规的旅行设备,例如设备齐全舒适的高铁、飞机等;<br>④喜欢家庭的气氛、熟悉的娱乐活动;<br>⑤要准备齐全的旅行行装,全部日程都要事前安排妥当 | ①选择非传统方式;<br>②喜欢在别人之前享受新鲜经验和发现的喜悦;<br>③喜欢新奇的、不寻常的旅行工具及场所,活动量大;<br>④愿意会见和接触具有他们所不熟悉的文化及此文化背景的人们;<br>⑤旅行的安排只包括最基本的项目,留有较大的余地和灵活性 |

(3)根据生活方式划分

根据生活方式的不同,旅行者人格类型可以分为:喜欢安静生活的旅行者、喜欢交际的旅行者、对历史感兴趣的旅行者三大类。喜欢安静生活的旅行者往往喜欢清新的空气、明媚的阳光;喜欢去狩猎、钓鱼、与家人野餐;不愿意冒任何风险,对广告尤其是报纸和杂志上面的广告从来都抱怀疑态度。喜欢交际的旅行者认为应该把旅游看成是结交新朋友、联络老朋友、扩大交往范围的良好时机,他们还喜欢到遥远的有异国风情的旅行目的地去旅游。对历史感兴趣的旅行者往往把自己的家庭和孩子看成是生活中最重要的部分,认为帮助教育孩子是家长的主要责任,并认为全家能在一起度假的家庭是幸福的家庭。

(4)根据气质行为划分

根据气质行为,旅行者人格类型可以分为:急躁型旅客、活泼型旅客、稳重型旅客、忧郁型旅客四大类。急躁型旅客相当于胆汁质,感情外露,碰到问题容易发火;活泼型旅客相当于多血型,活泼好动,喜欢参与变化大、刺激性强、花样多的活动;稳重型旅客相当于黏液质,平时表现安静,喜欢清静的环境;忧郁型旅客相当于抑郁质,感情很少向外流露,很少到热闹的场所去。

2.人格类型与旅客运输工作关系

(1)内倾型和外倾型

瑞士心理学家卡尔·荣格(Carl Gustav Jung,1921)按照态度类型将人分成外倾型和内倾型两类。内倾型的人感到自身具有绝对价值,在正常情况下重视自己和自己的主观世界,看待事物通常以自己的观点为准则,不善于适应社会环境和表达情绪。内倾者倾向于做白日梦和自我思考,喜欢独处、沉静、畏缩、多疑,对他人存有戒心,所以这种人通常要经过反复斟酌才下结论,不愿意发表自己的意见,愿意服从领导和他人的安排,在压力下常常会退缩。外倾型的人性格外向,感到身外具有绝对价值,主要指向他人和外在的客观世界。其特征为注意力及兴趣外向,用客观标准评价事物,易于对外界刺激起反应。这种人善于交际,愿意发表自己的意见,适应能力强,喜欢活动,乐观开朗,易于冲动。

从旅客运输工作的特点看,在选择不同工作岗位的员工时就要有所区分。例如,直接与旅客打交道的岗位,售票岗、站厅岗等;又如非直接与旅客打交道的岗位,控制中心各岗位、设备维护岗等。

(2) 男性气质和女性气质

男性气质的人往往有进取心、喜欢专断和控制别人,而且独立性较强,一般而言男人更多地具有男性气质。女性气质的人一般较为细腻温和、能容忍、有依赖性,一般而言女人更多地具有女性气质。依据旅客运输工作的特点,服务人员更多地选择女性。

(3) 内控型和外控型

内控型的人坚定地认为自己是自己命运的主宰,只有自己才能控制自己的命运。这种人独立性强,不易受外界影响而改变自己的行为。这种人如果碰到了好事,则认为是自己努力的结果;如果遇到倒霉事,也只怪自己,认为是自己造成的。因而,这种人从不怨天尤人。外控型的人认为一切事情都是命运主宰的,自己只是处于被动地位。因此,无论成功或失败,他们总认为是外力的结果。从文化心理上看,中国人外控型居多。一个合格的旅客运输工作者应该是内控型的人,工作中有自信心,有主动性,能使客我交往顺利进行。

(4) 自卑型和自尊型

恰当的自尊是必要的,它是维护个人心理的统整性、保持心理健康的重要前提。保持自尊是维持与他人正常和谐交往的前提,也是做好服务工作的心理条件。旅客运输工作者既不能过分自卑,也不能优越感太强。

3. 旅行者的人格结构

艾瑞克·伯恩博士(Eric Berne)在1964年《人们玩的游戏》一书中提出新的人格结构,认为人的个性由三种心理状态构成——父母、成人、儿童状态,即著名的人格结构的PAC分析。

(1) 儿童自我状态

儿童自我状态是一个人经受到挫折、失望、快乐以及缺乏能力而形成的个性部分。此外,也是好奇心、创造力、想象力、自发性、冲动性及生来对新发现表示向往的源泉。人们的欲求、需要和欲望大部分也由儿童自我状态掌管。一般旅行的许多主要动机,显然是来源于儿童自我状态,儿童自我状态最容易被旅行所诱惑或激发。

(2) 父母自我状态

父母自我状态是行为、态度的来源。这些行为和态度通常是个人向自己的父母,或向某些父母辈的人模仿来的,它也是个人的见解与偏见、基本知识以及是非感的主要来源。旅客运输这一服务业应激发父母自我状态中的一些旅行动机,鼓励儿童自我状态要旅行的要求。

(3) 成人自我状态

成人自我状态指导理性的、非情绪的、较客观的行为,即指导解决问题。这种状态支配下的人,说话办事逻辑性强、喜欢探究为什么、怎么办等。因健康的原因而形成的旅行动机,主要来源于成人自我状态。成人自我状态也负责调解儿童和父母自我状态之间的冲突,并负责收集同意个人安排外出旅行所需的真实、可靠的信息。

总之，人的旅行行为总会受到三种自我状态或其中一种状态的影响。在一般情况下，旅行的许多主要动机明显地存在于儿童自我状态之中，父母自我状态持保留态度，成人自我状态则起仲裁作用。

## 第三节　群体心理

### 一、群体

1. 群体的定义

群体是指由两个以上具有共同目标、共同利益，并在一起活动的人组成的介于组织与个体之间的人群结合体。群体一般具有各个成员之间相互依赖，在心理上彼此意识到对方，以及在行为上相互作用和"我们同属一群"的心理感受。在日常生活中，群体一词使用范围很广，例如，企业团体、行业协会等都可以称为群体。

相互作用是群体最基本的方面。群体内的人不一定面对面，不一定有言语交流，但群体成员需要相互作用和相互影响。例如，在抢险场合中，原先互不相识的人会自觉地相互配合而自然形成某个群体，相互作用和相互影响对于实现预定目标是必不可少的。在群体成员的行为活动中，相互依赖、相互支持要比个人单独行动更有效，更让人心情愉悦。个体之间的相互作用促使群体形成并维持其存在。

2. 群体构成条件

第一，群体是具有一定人数的集合，由夫妻两人组成的家庭是最小的群体，成百上千人组成的协会也是群体。群体是结构化的人群组合，每一位群体成员在群体中承担一定角色，并被赋予相应的责任和义务。

第二，群体内成员之间存在着持续的心理上或行为上的相互关系，各成员间得到密切协作和配合的组织保证。

第三，群体成员具有共同的目标和利益，并以此作为群体存在的心理基础。

第四，群体成员存在着某种整体观念和隶属观念，并在工作、信息、思想上进行交流。

第五，不同社会群体具有相应的行为规范和感情交往。群体为了实现共同目标，一般会制定或自发地形成群体规范，长期存在的群体还会发展出群体的亚文化，具有自己的价值观、行为倾向和行动方式。

群体对各成员的影响表现在两个方面：一是群体能够满足群体内成员的需要，如心理上的安全感，满足所属成员的社交、归属、自尊等方面的需要，增加所属成员的自信，增强所属成员的力量感等。群体还提供给成员以责任感、亲情与友谊、关心和支持。群体也是个体价值观、态度、活动方式的主要习得来源。二是群体在一定程度上会制约和影响群体成员的某些需要与行为。作为群体成员的个体，需要遵从一定群体的规范而不能够随意违背。群体是介于个人和组织之间的人群集合体。对于个体而言，组织具有一定规则和规范，它们对组织成员具有强制力。群体规范虽然对群体成员产生压力，但是并不具备强制作用，这是它们之间的区别。此外，群体在表现形式上虽是诸多个体的集合，但群体的形成与稳定是一个动态过程。群体心理不是个体心理的总和，无论群体中的个人行为还是群体心理和行为，都表现出自己独特的特征，与处于孤立状态下的个体行为不同。

总之，社会心理学上的群体是通过一定社会关系结合起来进行共同活动而产生相互作用的集合体,是社会生活的具体单位,因此临时集合在一起的人不能称为群体。只有当这群人按照一定秩序组织起来,具有共同的目的和心理需要时,才是一个群体。群体内成员在心理上具有一定联系,相互影响,同时群体每一位成员在该群体内都有一定地位,扮演一定角色,执行一定任务。群体有自己的结构与规范,群体成员具有共同兴趣与共同目标。

**二、旅客群体的特点**

旅客群体是松散大群体,没有形成统一的规范制约人的行为。在这一群体中,人们受社会舆论、道德和观念的制约,起作用的是公平感、正义感,当遇到涉及部分或全体旅客利益的事情时,才会形成一致的统一的行为。例如,当客运服务人员与某一旅客发生摩擦时,如果客运服务人员保持礼貌的态度,周围旅客有的可能站在旅客一方,有的可能站在服务人员一方,也有的会保持中立;如果客运服务人员态度强硬、不礼貌,则会导致大多数旅客站在该旅客一方,对客运服务人员表示不满。

在旅客大群体中存在一些相识的几个旅客组成的小群体。在旅行中,相比于其他不相识的旅客,他们之间的感情要深得多。因此,在旅行中,他们成为行为一致的群体,其中某位与其他旅客或服务人员发生摩擦时,他们更表现出态度与行为的一致性。

**三、对旅客群体心理的服务**

1. 加强对紧密小群体的管理

加强团体售票、团体候车、团体上车的工作;避免与小群体内部人员发生争执,若小群体内有人提出不合理要求,尽可能礼貌地给予解释和说明;遇到必须解决的严重问题时,在公正有理的基础上严肃处理。在站内发生问题时,尽量把他们与其他旅客分开,既可以避免对其他旅客产生坏的影响,也可以削弱他们的气势,有效处理问题。

2. 以亲切、礼貌的态度服务大群体

大群体的一致行为一般是在旅客与客运服务人员之间或旅客与旅客之间发生冲突时产生的。所以,客运服务人员要加强自己的修养,用亲切、礼貌、和蔼的态度,为旅客营造一个轻松、愉快的乘车旅行环境。客运服务人员一定要加强自身的修养,避免与旅客发生冲突。

在解决旅客中的问题时,最好的办法是利用旅客群体内部的相互制约关系。例如,某位旅客吸烟,客运服务人员需要制止。在语言的运用上,不是我让你做什么,而是你的行为会影响其他旅客的健康。从这个角度,能将旅客和服务人员之间的关系转变为旅客与旅客之间的关系,起到约束作用,也有利于问题的解决。

# 第三章 旅客运输心理健康问题与分析

心理健康是现代人健康不可分割的重要方面,那么什么是人的心理健康呢?人的生理健康是有标准的,一个人的心理健康也是有标准的。不过人的心理健康标准不及人的生理健康标准具体与客观。心理健康的基本含义是指心理的各个方面及活动过程处于一种良好或正常的状态。心理健康的理想状态是保持性格完美、智力正常、认知正确、情感适当、意志合理、态度积极、行为恰当、适应良好的状态。与心理健康相对应的是心理亚健康和心理病态。心理健康从不同的角度有不同的含义,衡量标准也有所不同。

据2018年4月29日发布的《中国城镇居民心理健康白皮书》显示,当前中国城镇居民73.6%的人处于心理亚健康状态,存在不同程度心理问题的人有16.1%,而心理健康的人为10.3%。可见,旅客也好,作为旅客运输的工作者也好,相当一部分的人是处于心理亚健康状态,少部分可能存在不同程度的心理问题。旅客运输工作者不仅要重视自身的心理健康问题,还应该重视旅客的心理健康问题。通过理论学习和平时的实践积累,善于及时发现旅客的异常心理现象,对提高旅客运输的服务质量具有重要意义。

## 第一节 心理健康和心理异常

心理健康亦称心理卫生,是指个体各种心理状态保持正常或良好水平,而且自我内部以及自我与现实环境之间保持和谐一致的良好状态。关于心理异常的判别标准,目前广泛使用内省经验标准、社会适应标准、医学标准和统计分析标准。心理疾病是多种心理障碍集中或综合的表现。多种心理障碍作为心理疾病症状群出现,即多种心理障碍的病理性症状集中表现在某种心理疾病之中。心理障碍以心理疾病的某种症状出现,其中包括认知过程、情绪情感过程、意志行为等方面的心理障碍。

### 一、心理健康

1. 心理健康的含义

心理健康又称为心理卫生,是指个体各种心理状态(如一般适应能力、人格健全状况等)保持正常或良好水平,而且自我内部(如自我意识、自我控制、自我体验等)以及自我与现实环境之间保持和谐一致的良好状态。

心理健康状态的标准长期以来一直是学者们争论的热点。世界卫生组织(WHO)在其成立的宪章中对健康的含义做了科学界定:"健康乃是一种在身体上、心理上和社会适应方面的完好状态,而不仅仅是没有疾病和虚弱的状态。"因此,健康内涵包括生理健康、心理健康和社会适应良好三个方面,表现为个体生理和心理上的一种良好的机能状态,即在生理和心理上没有缺陷和疾病,能够充分发挥心理机能和环境因素的调节功能,保持与环境相适应的、良好的效能状态和动态的相对平衡状态。心理健康包含以下四种状态:

①正常的健康状态。以有无心理疾病,心理功能是否良好为判断尺度,表现为身体、智力、情绪等处于协调状态。

②正常的平均状态。从统计角度强调正常和异常之间的程度变化,处于正态分布中间范围的为正常状态。

③正常的理想状态。以此评价个体的行为而非描述其行为,例如,幸福感和满足状态等。

④正常的适应状态。正常是一种不断发展进步的过程,心理健康者能够不断地在职业或工作中学习有效的技巧来应对现实中的紧张状态。例如,能发挥自己的能力,有效工作和学习,适应周围环境,在人际交往中彼此谦让。

2. 心理健康的标准

心理健康标准是社会适应性标准的具体化,从个体心理发展水平及其功能角度看,为多数人所共同具有的状态是评价心理健康与否的标准。但是,国内外至今尚无共同认可的心理健康的统一标准。在制定心理健康的标准上存在七种标准依据:以医学上身体症状存在与否为标准;以统计学的正态分布为标准;以是否合乎社会规范为标准;以社会生活适应状况为标准;以个人主观体验为标准;以心理成熟与发展水平为标准;以心理机能是否充分发挥为标准。显然,第一条是心理健康的底线标准,第二至第六条是心理健康的常规标准,第七条是心理健康的理想标准。

**二、心理异常**

心理异常分为一般心理问题、心理障碍、心理疾病以及心身障碍与心身疾病等。

一般心理问题又称为心理失调或心理失衡,是一种轻微的心理异常,通常不存在心理状态的病理性变化,是正常心理活动中的局部异常状态,具有明显的偶发性和暂时性,经常与一定的情景相联系,即经常由一定情景诱发,而当诱因情景消失,心理活动就完全正常。例如,在考试现场,考生会出现情绪过度紧张导致思维迟滞等心理异常现象,以及由此引起的出汗、尿频、颤抖、头晕、脸色苍白等生理异常也属于心因性问题范围。当考生离开考场不久,以上这些心理和生理上的异常现象即可消失。一般心理问题若脱离了诱发情景,而心理和生理问题仍然长期存在,并具有经常性和持续性特征,则演变为心理障碍。

心理障碍是心理异常的表现形式,又称为心理失常,是心理状态的病理性变化,属于心理病理学的范畴,与偶发性和暂时性的一般心理问题具有质的区别。它具有明显的持久性和特异性特点,并且与一定情景没有必然的联系,即心理障碍并不是由某些情景直接诱发的,但在一定情景下会加重,经常是一般心理问题累积、迁延、演变的表现和结果。例如,高度兴奋或压抑、无理由焦虑或恐惧、总是吹毛求疵或无故发泄等。

心理疾病是比较严重或严重的心理异常,是多种心理障碍集中或综合的表现。在心理疾病中,多种心理障碍是作为症状群出现的,即多种障碍作为各种病理性症状集中或综合表现在某种心理疾病之中,是心理状态病理性变化的突出表现,具有明显的稳固性和病态性。

心理疾病可分为轻性心理疾病和重性心理疾病。轻性心理疾病是较严重的心理异常,一般是指非精神病性的精神障碍,通常是具有自知力或自知力稍有不足,能应付日常生活要求或保持对现实的恰当接触,其中包括神经症、人格障碍和性变异。重性心理疾病是严重的心理异常，一般是指精神病性的精神障碍，通常是自知力严重缺乏，不能应付日常生活要求或保持对现实的恰当接触，其中包括器质性精神病和功能性精神病。

心身障碍与心身疾病又被称为心理生理障碍与心理疾病，是心理异常导致生理异常的结果，属于心理异常的特殊类型。心身障碍是由心理因素引起的，主要表现为功能失调，但无器质性变化，也没有明显的精神活动障碍的躯体功能障碍，如睡眠障碍、饮食障碍、内脏器官障碍、性功能障碍等。心身疾病是由心理因素引起，与个体情绪有关，并具有组织器官病理性损害的器质性变化的躯体疾病。

1. 心理障碍

（1）心理障碍的含义

心理障碍有广义和狭义之分。广义的心理障碍与心理异常同义，狭义的心理障碍是指心理异常各种表现中的一种类型，又称为心理失常。这里的心理障碍是指狭义的心理障碍。心理障碍属于心理病理学范畴，是心理状态和心理能量的衰退或丧失，以及心理能力下降的表现。因此，心理障碍是以心理疾病的某种症状出现的，当这种心理疾病症状单独出现时，就是心理障碍，其中包括认知过程、情绪情感过程、意志行为等方面的心理障碍，它们都严重地损害人的能力。

（2）心理障碍的分类

①感觉障碍

a. 感觉过敏。感觉过敏是指个体在外界刺激没有增强的情况下，对一般强度的刺激感觉明显增高，甚至感到无法忍耐。例如，神经衰弱者会觉得日光异常耀眼，对轻微的脚步声、关门声都会感到无法忍受，就像"如雷贯耳"。

b. 感觉减退。感觉减退是指个体对外界一般刺激感觉降低，严重的会对外界刺激不产生任何反应，称为感觉消失。处于严重抑郁症状的患者会产生感觉减退，木僵病人也会出现感觉消失。

c. 感觉倒错。感觉倒错是指个体对外部刺激产生与平常情况下性质相反的异常感觉。例如，对于热刺激，患者却会产生寒冷的感觉，这种症状可见于癔症患者。

d. 内感性不适。内感性不适又称为体感异常，是指身体内部产生各种异常不舒适，甚至难以忍受的异常感觉。这种病人往往会出现癔症观念、癔症妄想，一般多见于癔症、精神分裂症以及抑郁症患者。

②知觉障碍

a. 错觉。错觉是指个体对客观事物歪曲的知觉，即在感受客观刺激时与各种表象结合产生的歪曲的知觉，结果是把外界事物感知为性质完全不同的另一种事物。

b. 幻觉。幻觉是指个体在没有客观刺激作用相应感觉器官的情况下产生的虚假知觉体验，这是一种严重的心理障碍，常见于精神分裂症患者。根据感觉器官的不同，可以分成幻视、幻听、幻嗅、幻味、幻触、本体幻觉和内脏幻觉。在临床上幻听最为多见，并且常常伴有妄想、焦虑或恐惧等情绪反应。

c. 知觉综合障碍。知觉综合障碍是指患者在感知某个客观事物时，对其某些个别属性、特征与关系产生了歪曲的感知。例如，视物变形症、空间知觉障碍、周围环境真实性的感知觉综合障碍、对自己身体结构的感知觉综合障碍。

③注意障碍

注意是心理活动对一定对象的指向和集中,是心理活动的一种积极状态。注意的指向性和集中性表明注意具有方向和强度的特征。注意本身不是一种独立的心理过程,而是各种心理过程的共同特性。注意广度、注意稳定性、注意转移、转移分配这些注意品质在临床上具有重要价值。注意障碍主要表现在注意增强、注意减弱、注意固定、注意涣散、注意转移、注意狭窄等问题上。

④记忆障碍

记忆是过去经验在人脑中的反映,是人脑积累知识经验的一种功能,是心理过程在时间上的持续,识记、保持、回忆或再认是记忆的基本环节。复杂高级的心理活动必须以记忆为基础。记忆障碍是精神疾患中较为常见的心理异常现象,主要包括记忆量方面的障碍和记忆质方面的障碍两种。其中,记忆量方面的障碍主要表现为记忆增强、记忆减退、遗忘症等问题;记忆质方面的障碍主要表现为错构症、虚构症、似曾相识症、旧事如新症、潜隐记忆等问题。

⑤思维障碍

思维障碍大多通过言语行为表现出来。思维障碍的临床表现多种多样,主要包括思维联想障碍、思维逻辑障碍和思维内容障碍三个方面。其中,思维联想障碍主要表现为思维迟缓、思维贫乏、思维奔逸、思维中断、病理性赘述、强迫思维等问题。思维逻辑障碍主要表现为思维散漫、思维破裂、象征性思维、逻辑倒错性思维、自创新词、诡辩性思维等问题。思维内容障碍主要表现为妄想问题。妄想是指一种不符合事实但却坚信不疑,不能以其具有的教育水平与社会背景来解释,也不能通过摆事实讲道理来说服的病态信念。妄想行为主要体现为迫害妄想、关系妄想、嫉妒妄想、钟情妄想、疑病妄想、自罪妄想、夸大妄想、思维播放妄想等问题。

⑥情绪障碍

情绪障碍又称为心境障碍,以显著而持久的情感或心境改变为主要特征。一般表现为情感高扬或低落,且伴有相应的思维和行为改变,有反复发作的倾向。在心理异常行为表现中具有核心特征,即任何异常心理与行为都可以看作是一种情绪障碍,严重的心理疾病往往以情绪改变为先兆。主要表现为情感高涨、情感欣快、情感低落、情感脆弱、情感爆发、易激惹、情感迟钝、情感淡漠、情感倒错、病理性激情、矛盾情感等问题。

⑦意志行为障碍

意志行为障碍主要表现为意志增强、意志减退、意志缺乏、意向倒错、意向矛盾等问题。

⑧动作行为障碍

动作行为障碍主要表现为精神运动性兴奋、精神运动性阻滞、蜡样屈曲、违拗症等问题。

⑨意识障碍

意识障碍主要分为周围环境的意识障碍和自我意识障碍两大类。周围环境的意识障碍主要体现在意识混浊和意识朦胧问题上;自我意识障碍主要体现在漫游性自动症、谵妄、精神错乱、自知力缺失、人格解体、交替人格等问题上。

⑩智力障碍

智力是从事各种活动的一般能力的总称。智力障碍是指由于大脑的器质性损伤或因大脑发育不完全而造成的智力缺损,使个体的心理能力全面低下。智力障碍主要体现在精神发育迟滞和痴呆问题上。

2. 一般心理疾病

心理疾病是多种心理障碍集中或综合的表现。在心理疾病中,多种心理障碍作为心理疾病症状群出现,即多种心理障碍的病理性症状集中表现在某种心理疾病之中。

(1) 焦虑症

焦虑症并不是由焦虑刺激引起的或不能用焦虑刺激合理解释的,患者以焦虑情绪体验为主,同时伴有明显自主神经功能的紊乱的神经症。一般表现为头晕、心悸、口干、气促、胸闷、出汗、尿频、尿急、颤抖等,且常有运动性不安。焦虑症分为两种亚型:广泛性焦虑症和惊恐症。主要多发于青壮年,以 16~40 岁年龄段为主,女性多于男性。矫治方法主要通过以下手段实现:

①自我监测。通过记录每天焦虑发作的次数、持续时间、症状表现以及严重程度,自我鼓励治愈疾病的决心和信心,焦虑一定能够控制和治愈。

②倾听诉述和解释。以耐心和同情的态度倾听患者的诉述,是对患者极大的安慰;通过解释让患者了解焦虑症的性质及其临床表现。

③自我松弛训练。各种松弛精神和肌肉的方法均可。

④对于惊恐症发作可以遵医嘱服用抗抑郁药,以减轻焦虑的精神症状,效果较好。对于广泛性焦虑症可以采用抗焦虑药治疗,也可以采用交互抑制法、系统脱敏法、自我调整法、生物反馈法、音乐疗法等心理治疗方法。

(2) 恐惧症

恐惧(phobia)的词源为希腊语,含义为害怕、恐惧。恐惧是一种正常心理状态,指对某种特定事物或特殊情境产生的强烈的恐惧感。恐惧症是一种心理异常状态,指对某些特殊处境、物体或在与人交往时产生的不合情理的、异常的、强烈的恐惧或紧张不安的内心体验,从而出现不必要的回避反应的神经症。矫治方法主要通过以下手段实现:

①倾听诉述和解释。耐心倾听患者对病情的诉述,准确把握患者第一次发病情景,分析患者的性格特征与疾病之间的可能联系。

②自我松弛训练。按一定的练习程序,学习有意识地控制或调节自身的心理生理活动,以达到降低机体唤醒水平,调整那些因紧张刺激而紊乱了的功能。

③采用行为治疗,如系统脱敏疗法、满灌疗法、示范疗法,同时用药物辅助,用抗焦虑药(如安定、利眠宁)或抗抑郁剂等。

(3) 强迫症

强迫症是一种重复出现缺乏现实意义的、不合情理的观念、情绪、意向或行为,虽尽力克制但又无力摆脱的神经症。神经症患者以强迫症状为特征,患者主观上感到有某种不可抗拒的和被迫无奈的强迫观念、强迫情绪、强迫意向或强迫行为的存在,有时为了减轻焦虑会做出一些仪式性动作。多见于青少年期或成年早期。矫治方法主要通过以下手段实现:

①支持性心理矫治。认真、耐心地倾听患者诉述,以确定强迫症状的具体表现和严重程度,然后耐心解释。

②行为心理治疗。如系统脱敏疗法、满灌疗法、示范疗法,同时用药物辅助,用抗焦虑药

（如安定、利眠宁）或抗抑郁剂等。

(4) 抑郁症

抑郁症是一种以持久的心境低落状态为主，并且经常伴有焦虑、躯体不适和睡眠障碍，但没有明显的运动性抑制和幻觉、妄想、思维与行为紊乱等精神病特征的神经症，一般不会影响人的生活能力。矫治方法主要通过以下手段实现：

①认真倾听病人的诉述，使患者在诉说过程中宣泄由抑郁情绪造成的失衡心理。

②运用合理情绪疗法进行自我心理矫治，建立正确的认识并使抑郁情绪得到缓解。

③必要时可以遵医嘱服用百忧解等抗抑郁药。

## 第二节 铁路运输中的心理健康问题分析

### 一、列车旅客的心理健康

列车旅客成分非常复杂，除了性别和年龄不同，同一列车或同一车厢内众旅客存在出发地不同、宗教信仰不同、风俗习惯不同、文化程度不同、职业不同、经济社会地位不同、旅行目的及目的地不同、国籍不同等现象，所以对列车旅客心理健康状况进行调查分析研究有很大的难度。

本教材在此特别介绍由陈未、廉国、李春凯等所做的调查并发表的论文《列车旅客心理健康状况的调查》。研究者对1203名列车旅客进行问卷调查，并与常模进行比较分析列车旅客的心理健康状况，找出列车旅客心理健康中存在的不良因素，提出干预这些不良因素，为旅客列车中开展健康教育提供依据。

1. 对象与方法

(1) 调查对象

调查对象为自愿配合的乘坐沈阳—北京的特快旅客列车上的1203名旅客。其中，男性713例，女性490例，平均年龄为32.7岁，最小年龄18岁，最大年龄60岁。

(2) 测试工具

测试量表3-1是由90个项目所组成的精神症状自评表，用来评定心理健康状况的。每个项目从无到严重采用五级评分，90个项目的内容可概括为9个因子：躯体化、强迫、人际关系敏感、抑郁、焦虑、敌对性、恐怖、偏执、精神病性等。此外，还可通过阳性项目数和阳性均分对量表结果做出总体估价。且各症状的效度系数在 $0.77 \sim 0.90$ 之间，表明此表的评定结果具有较高真实性。

**列车旅客各因子分布与常模比较** 表3-1

| 项目 | 列车旅客总体 ($n=1203$) | 国内常模 ($n=1338$) | $U$检验 | $P$值 |
|---|---|---|---|---|
| 躯体化 | $1.46 \pm 0.49^*$ | $1.37 \pm 0.48$ | $-4.86$ | $P<0.01$ |
| 强迫 | $1.56 \pm 0.54^*$ | $1.62 \pm 0.58$ | $2.37$ | $P<0.05$ |
| 人际关系 | $1.44 \pm 0.52^*$ | $1.65 \pm 0.61$ | $9.38$ | $P<0.01$ |
| 抑郁 | $1.43 \pm 0.52^*$ | $1.50 \pm 0.59$ | $2.99$ | $P<0.01$ |
| 焦虑 | $1.37 \pm 0.47$ | $1.39 \pm 0.43$ | $0.65$ | $P>0.05$ |

续上表

| 项　　目 | 列车旅客总体<br>($n=1203$) | 国内常模<br>($n=1338$) | U 检验 | P 值 |
|---|---|---|---|---|
| 敌对 | 1.43 ± 0.59 | 1.46 ± 0.55 | 0.98 | $P > 0.05$ |
| 恐怖 | 1.30 ± 0.44 * | 1.23 ± 0.41 | −4.29 | $P < 0.01$ |
| 偏执 | 1.43 ± 0.52 | 1.43 ± 0.57 | −0.02 | $P > 0.05$ |
| 精神病性 | 1.31 ± 0.41 | 1.29 ± 0.42 | −1.29 | $P > 0.05$ |
| 阳性项目数 | 9.17 ± 12.70 * | 24.92 ± 18.41 | 25.61 | $P > 0.01$ |

注：* 有显著性差异

(3) 调资方法

经调查员说明调查的目的后,对自愿配合的 1203 名旅客,由培训过的调查员指导下,由旅客自行如实根据自己的情况填写且不得漏填。

(4) 统计分析

所有资料全部输入装有 VFP5.0 软件的计算机中,使用 SAS6.12 版本按要求进行统计分析。

2. 结果分析

(1) 列车旅客心理健康状况与国内常模的比较

列车旅客测试阳性项目数为 9.17 ± 12.70,显著低于国内常模 24.92 ± 18.41。9 项因子分均在 1.30 ~ 1.56 之间,其中焦虑、敌对、偏执和精神病性因子与常模比较无差异,躯体化和恐怖两个因子与国内常模比较有显著性差异,且高于国内常模($P < 0.01$),而抑郁、人际关系、强迫显著低于国内常模($P < 0.01 ~ 0.05$)。

(2) 男、女旅客与国内常模的比较及男、女旅客之间的比较

男性旅客有 5 个因子与国内常模有显著性差异($P < 0.01 ~ 0.05$),其中躯体化因子显著高于常模,强迫、人际关系、抑郁、焦虑因子显著低于常模;女性旅客有 4 个因子与国内常模有显著性差异,躯体化和恐怖因子显著高于常模,而人际关系和精神病性因子显著低于常模(见表 3-2);男女旅客在躯体化、强迫、抑郁、恐怖和精神病性等 5 个因子上有显著性差异($P < 0.01$),女性显著高于男性。

男、女旅客各因子分布与全国常模比较　　表 3-2

| 项　　目 | 男性旅客<br>($n = 713$) | 男性常模<br>($n = 724$) | P 值 | 女性旅客<br>($n = 490$) | 女性常模<br>($n = 644$) | P 值 |
|---|---|---|---|---|---|---|
| 躯体化 | 1.44 ± 0.45 * | 1.38 ± 0.49 | $P < 0.05$ | 1.50 ± 0.54 * | 1.37 ± 0.47 | $P < 0.01$ |
| 强迫 | 1.54 ± 0.50 * | 1.66 ± 0.61 | $P < 0.01$ | 1.60 ± 0.58 | 1.59 ± 0.54 | $P > 0.05$ |
| 人际关系 | 1.42 ± 0.49 * | 1.66 ± 0.64 | $P < 0.01$ | 1.46 ± 0.54 * | 1.61 ± 0.58 | $P < 0.01$ |
| 抑郁 | 1.40 ± 0.45 * | 1.51 ± 0.60 | $P < 0.01$ | 1.48 ± 0.58 | 1.49 ± 0.56 | $P > 0.05$ |
| 焦虑 | 1.36 ± 0.42 * | 1.41 ± 0.44 | $P < 0.05$ | 1.40 ± 0.52 | 1.37 ± 0.42 | $P > 0.05$ |
| 敌对 | 1.43 ± 0.58 | 1.48 ± 0.56 | $P > 0.05$ | 1.44 ± 0.60 | 1.45 ± 0.52 | $P > 0.05$ |

续上表

| 项　目 | 男性旅客<br>($n=713$) | 男性常模<br>($n=724$) | $P$值 | 女性旅客<br>($n=490$) | 女性常模<br>($n=644$) | $P$值 |
|---|---|---|---|---|---|---|
| 恐怖 | $1.26\pm0.39$ | $1.23\pm0.37$ | $P>0.05$ | $1.36\pm0.50^*$ | $1.30\pm0.47$ | $P<0.05$ |
| 偏执 | $1.40\pm0.50$ | $1.46\pm0.59$ | $P>0.05$ | $1.46\pm0.55$ | $1.41\pm0.54$ | $P>0.05$ |
| 精神病性 | $1.29\pm0.39$ | $1.32\pm0.44$ | $P>0.05$ | $1.33\pm0.46^*$ | $1.26\pm0.39$ | $P<0.01$ |
| 阳性项目数 | $8.53\pm11.66^*$ | $25.68\pm18.79$ | $P<0.01$ | $10.07\pm14.02^*$ | $24.17\pm17.49$ | $P<0.01$ |

注：* 有显著性差异

(3) 列车旅客不同年龄组之间各因子分布以及与国内常模的比较

随着年龄的增长各因子均分呈增长趋势，所有因子的最高值出现在40~49岁这一年龄组中，在总体指标阳性项目数的比较中，40~49岁组分值最高，50~59岁组最低。在4个年龄段与国内常模的比较中，存在一定的差异（$P<0.01\sim0.05$）。19~29年龄组除焦虑、恐怖和精神病性因子与常模比较无差异，其中6个因子与常模比较差异显著，除躯体化高于常模，其他均低于常模；30~39年龄组有3个因子与常模有差异，其中躯体化、恐怖和精神病性高于常模；40~49年龄组有3个因子与常模有差异，恐怖和精神病性高于常模，偏执因子均分低于常模。

3. 讨论

列车旅客测试结果与全国常模比较发现，9个症状因子中，焦虑、敌对和精神病性与常模无差异，躯体化和恐怖因子均分显著高于常模，其余4个因子均低于国内常模，可能提示列车旅客的整体的心理健康水平较高。而躯体化因素较严重，可能是由于旅客自身身体状况所决定的，而恐怖心理的存在则与旅客在公共场所担心人身安全和财产安全有关，因此为消除旅客的恐怖心理，铁路客运部门和公安部门的重点应放在保证旅客在旅途中的人身安全和财产安全上。

调查可见，与全国常模比较的结果同样提示男女列车旅客在躯体化方面状况较差。但在总体上，男、女列车旅客的因子分均低于国内常模，提示他们的心理健康状况好于常模。关于男女列车旅客之间的比较，具有显著差异的5个因子男性均低于女性，提示列车男性旅客的心理健康状况好于女性旅客。这可能主要与列车旅客不同性别自身的生理条件和心理素质有关，女性在公共场所对有害因素的易感性和敏感性大于男性等，显示整体上男性旅客的心理健康水平高于女性旅客。

关于旅客不同年龄组的比较，在各年龄组之间，40~49岁这组的9个因子分均高于其他年龄组。反映40~49岁年龄组的心理状况较差，可能因为这一年龄段的列车旅客考虑的问题很多，如本人工作、子女的就学和老人的赡养等等，心理状态进入一个不稳定期。这与由国内常模年龄组的结果得出的绝大多数因子的最高值出现在18~29岁这一年龄组有所不同。而50~59岁这一年龄组所反映的心理健康水平较高，可能是因为这一年龄组的列车旅客素质较高，随着年龄的增长阅历和经验丰富，对各方面适应性较好，对环境变化的反应较稳定，且这一年龄段的人工作和生活处于稳定的阶段。而19~29岁年龄组有6个因子与国内常模比较差异显著，除躯体化因子高于国内常模其余5个因子均低于国内常模，提示这一年龄组的列车旅客的心理健康状况较好,可能与他们自身的文化水平和对公共场所的危害性认识不足有关。30~39岁这一年龄组在与常模的比较中,有3个因子显著高于常模的相应的年龄组,提示这个年龄段的旅客的心理健康水平有下降的趋势,可能与他们受到家庭、社会、生活等的影响逐渐增多有关。

### 二、列车乘务员的心理健康

随着铁路提速及高铁的飞速发展,乘务作业中人的心理、生理负荷增加,疲劳程度呈几何指数递增。铁路客运企业以提供劳务的形式完成旅客空间的位移,其服务的特殊性使工作环境具有空间的局限性、环境的封闭性、工作时间的无昼夜性、工作对象的多样复杂性以及工作场所的连续噪声和振动性等特征。极端的工作环境和职业特点使铁路乘务员成为心理障碍高发的特殊职业人群。随着经济的发展和社会的进步,运输行业的竞争日趋激烈,旅客对服务质量的需求也越来越高,相应的对列车乘务员的心理健康水平也提出了更高要求。其心理健康水平也体现着铁路客运服务质量的优劣。

列车乘务员是我们乘坐火车时遇到的最多的铁路工作者,他们端茶倒水,打扫卫生,迎来送往。从某种程度上说,列车员就代表了铁路,成为我们对铁路的记忆。有人算过,对于一些长途车,如果把乘务员一生的工作年限划定为30年,那么,其中20年是在列车上度过的。

乘务员不但需要细心、耐心,还需要宽容、隐忍。旅客买票有怨声,候车有怨声,等上车后都有可能转移到乘务员身上,处理不好这些都会引发旅客的不满。所以,即便收垃圾时也要征求旅客同意,即使是貌似废弃物也绝不能贸然扔掉,例如浸泡在方便面中的叉子。如果垃圾袋接触到旅客的物品,或者洗手池因清理不及时,也会让旅客牢骚满腹,有的人还会点着鼻子指责你。

乘务员在行车中保障旅客安全是首要任务。往往越是小的地方越容易疏忽,酿成事故。就说关车门,这是一天不知要干多少次的,但有时车门会"假锁"。车一开,随着震动,弹簧就出来了,如果此时有旅客在门边就很危险。所以"车门关"是客运人员出乘途中要把的第一关,要确保车厢两头左右共四道车门锁牢,无一遗漏。原来"停开动关出站锁",现在则是"停开动关锁",车一动必须锁门。在确保旅客人身安全的同时,乘务员自身安全同样重要。乘务员一般在最后一节宿营车休息,有的刚睡醒,迷迷糊糊地就去接班。殊不知,这也是最容易发生危险的时候,如果没有分清列车运行的方向,而朝相反的地方走去,就极有可能走到列车末端跌落下去。为防万一,列车长此时会堵在列车末端。站内铁道密布交错,有时乘务员为图方便会在枕木上行走,如果这时身后有机车倒车入库,那也是十分危险的。车头在倒车时声音很小,速度快,司机视线又受阻,在这方面曾有过血的教训。

铁路工作人员具有鲜明的职业特点:轮班作业,超劳和紧张作业;长期质量较差的昼夜睡眠;作业中受多种有害因素影响。这些特点致使他们大多产生职业应激效应——职业紧张,不仅造成该职业群体心脑血管疾病高发,更使多数人处于亚健康状态。尤其在多次提速调图,实施单司机执乘以来,车速提高,车列密度加大,作业人员精神持续高度紧张,更加重了原先已常年积累、得不到恢复的心理压力和职业应激。

据铁道部的有关资料显示,2000—2004年5年间,全路运输企业从业人员生产过程中,因心脑血管疾病和急性胰腺炎死亡的共56人。其中,因心脑血管疾病死亡55人,占同期生产过程中因病死亡总人数的 98.2%，占同期生产过程中死亡总人数的 14.9%，心脑血管疾病已成为威胁运输企业从业人员生命和健康的高危疾病。其中，生产一线人员居多，占了总数的一大半；死亡人数中以中年人比例较大；6—9 月高温季节，也是职业病高发时期。因此，必须重视该职业群体的亚健康状态和威胁他们的职业疾病，做好相应调适和干预；重视健康体检，合理安排工作和生活；注意劳逸结合；加强体育锻炼，坚持运动保健；加强心脑血管等高危疾病防治及应急处理知识的宣传。

列车乘务员组存在心理卫生问题者较为普遍。列车乘务员在工作过程中既要完成服务旅客的任务，又承担着确保列车安全运输的责任，这就需要他们保持良好的心理状态，而现有的劳动保护及防病工作侧重于机体疾病的防治，对心理疾病的防治基本处于空白状态。因此，此项工作急需引起各方面的高度重视。建议有关部门改造列车作业空间，加大对振动、噪声、运动惯性、离心力的控制，增加空调、负离子发生器等设施以保证适宜的微小环境，减少乘务员的生理、心理刺激；建议改善列车乘务员劳保待遇，增加间休时间，定期健康检查、心理咨询，减少疲劳蓄积，建议铁路卫生防疫工作者将精神保健作为重要内容纳入工作范畴，对列车乘务员进行心理卫生知识培训；建立咨询网络，通过社会工作者及各种有益的娱乐活动让负性心理得到缓解，与旅客建立良好的关系，消除对他人及周围世界怀有的消极想法。总之，加强社会支持是减少乘务员心理疾患必不可少的途径。

### 三、铁路客运职工的心理健康

在铁路旅客运输服务工作中，除了列车乘务员外，还有数量庞大的直接为旅客服务的各种各样的第一线铁路客运工作人员，他们在铁路旅客运输工作中占有主导地位。维护客运职工的心理健康，消除影响心理健康的消极因素，加强心理卫生工作，对于激励职工的工作积极性、提高劳动生产率和服务水平具有积极的意义。

1. 客运职工心理健康现状

在新的历史时期，铁路客运系统各级领导干部越来越关注铁路基层职工的心理健康问题，以人为本的思想得到广泛贯彻和实施。与此同时，相应的预防和干预手段被引入铁路客运行业，广大客运职工心理健康状况得到了明显的改善。但必须正视的是，由于客运服务行业的行业特点，以及其他多方面的原因，铁路客运职工心理健康仍存在着一系列的问题。这些问题主要表现为：部分职工尤其是老职工存在着心理疲劳、心理倦怠，甚至少数职工存在着严重的心理防卫和抵触情绪。这些心理健康问题的存在，严重影响了职工的心理健康状况，直接关系到铁路客运服务整体水平和铁路的社会声誉。

2. 心理健康问题原因分析

造成部分客运职工心理健康问题的原因有很多，除了铁路客运行业自身特殊的行业特点外，还有以下方面的原因。

(1) 铁路客运行业服务理念滞后

在现阶段，随着铁路客运在铁路运输中窗口地位的不断强化，社会对铁路客运的要求日益提高，广大旅客对自身权益的不断关注和强化，以及铁路行业内部对客运服务工作的要求日益严格，这些综合因素要求铁路客运职工转变原有工作观念，不断适应新形势下客运工作新要求。在过去相当长的一段时期，铁路客运市场长期处于买方市场，相当数量的铁路客运职工对旅客服务工作观念出现偏差，往往是管理多于服务，部分职工尤其是老职工服务理念长期存在认识上的偏差,无法适应新时期客运服务的具体要求。部分铁路职工对现阶段客运服务行业特点和要求理解不足,仍然按照以前的工作思维,在工作中极易陷入被动,部分职工甚至出现抵触情绪,这在一定程度上影响了职工的心理健康。

(2) 铁路客运行业自身对外宣传度不够

社会公众对铁路客运行业存在认识上的误区。当今社会处于网络化和信息化发展的高峰期,各种信息发布和流传的范围与速度较以往都有极大的改进和提高。铁路客运行业长期处于封闭状态,与社会公众的交流明显不足,这导致了相当的社会公众对铁路的理解仍然停留在铁老大的认识阶段,对铁路客运行业存在一定的误读。事实上,近年来铁路客运行业发生了天翻地覆的变化,铁路系统也着力提高铁路客运行业服务水平,服务质量和标准得到了显著提高。但由于铁路客运行业缺乏积极适应新时期传媒网络化和信息化的特点,仍然采用以往狭窄的信息交流方式,影响了公众对铁路客运行业的积极客观评价。作为客运服务行业基层的客运职工,面临的压力是前所未有的,旅客对铁路的不理解在一定程度上直接演变成旅客与职工的矛盾,这也在一定程度上加重了职工的心理负担。

(3) 铁路客运行业考核设计缺乏科学性

为确保客运服务质量的稳步提高,鼓励职工积极提高业务技能,体现多劳多得的原则,铁路部门在过去一个时期开始实行考核制度。建立考核制度的出发点是好的,但在后续的配套制度及落实执行过程中出现了严重的偏差,考核陷入了走过场的形式,甚至出现给干部规定当月考核任务的办法,达不到考核任务干部受罚,考核任务完成得好则给予一定奖励。为完成考核任务,部分铁路干部带着任务检查工作,一发现问题就给职工相应的考核。并且由于考核结果和工资挂钩,基层考核的力度过大,在基层客运职工和干部之间造成一定的矛盾,甚至于部分职工抱有这种心理:干得再好也要被考核扣钱,这样还不如不干。在部分基层客运职工中甚至流传着"五多一少"的顺口溜:懂得多就会得多,会得多就干得多,干得多就错得多,错得多就扣得多,扣得多就拿得少。尽管这只是戏谑之言,但也在很大程度上反映出广大客运职工对考核的理解和看法。

(4) 客运职工与旅客的交流互动不足

客运服务行业主要服务对象是广大旅客,客运职工在当班的绝大多数时间需要跟旅客打交道。事实上,由于铁路客运行业长期处于封闭状态,广大旅客对铁路客运行业抱有一定的好奇感,希望能够有所了解。在长期调查后发现,相当数量的旅客尤其是长途旅行的旅客,希望能在旅途中和客运服务人员加强沟通。恰恰相反,广大客运职工却缺乏与旅客的沟通,往往是旅客主动同客运职工搭话,结果客运职工两三句就把旅客拒之门外。这种做法很容易让旅客产生误解,甚至激起旅客的不满,进而投诉。投诉问题一旦造成,按照铁路通行的处理方法,当事人必须向旅客道歉,由于前期的不快,旅客很难在短时间内转变态度,往往指责客运工作人员。在这种情况下,客运职工往往背负较大的心理压力。造成客运职工与旅客沟通不畅的原因是多方面的,既有铁路特殊的管理体制的原因,也有广大客运职工观念落后的原因。部分客运职工观念仍停留在过去,只知道拼命工作,却不注重与服务对象的沟通。须知,在服务行业,得到被服务对象的认可和肯定是对服务质量最好的诠释,而沟通顺畅与否在很大程度上影响了旅客对服务质量的评价。

3. 客运职工心理常见问题

由于特殊的工作环境,客运职工往往面临较大的心理压力。归纳起来主要有如下几类:

(1)心理疲劳

铁路旅客运输工作,由于其运输的不间断性和任务的繁重性,长时间的高强度工作很容易让客运职工产生心理疲劳。心理疲劳在客运服务行业普遍存在,但长期以来未得到有关部门的足够重视。

(2)心理挫折

铁路客运人员的挫折因素主要有学习挫折、家庭挫折、人际挫折、恋爱挫折等。心理挫折对铁路客运职工心理健康造成的影响较大,应引起足够的重视。

4. 改善客运职工心理健康的途径

改善客运职工的心理健康状况,对建设和谐铁路,提高铁路客运服务整体水平,具有重要的意义。对铁路客运服务人员的心理状况,应根据铁路服务工作的实际情况,从个人和单位的角度采取一些有效的措施加以缓解与疏导。

(1)从客运职工个人角度

建立良好的人际关系,储备社会支持力量,提高适应社会和改造社会的能力。人际关系的实质就是人与人之间心理上的距离,即情感关系。通过正常的交往、沟通、参与、融合,建立良好的人际关系,对身心健康具有重要的促进作用。

培养健康人格,锻炼强健体魄。预防身心疾病有赖于躯体的健康,要通过劳动、工作、学习、锻炼,以及合理膳食,使机体功能处于最佳状态。培养健全的人格,对于身心健康具有积极的意义。

(2)从单位的角度

调整工作安排。铁路的倒班制度无法改变,但可以在工作中合理调整工作安排,尽量减少加班,实行工作轮换制;在工作环境布置中,应采用科学布局,在视觉、触觉和设备布置上注重减轻员工疲劳,如保证充分照明、空气流通、尽量采取自然光等。

提供健康教育和体育锻炼的机会。通过定期医疗检查和咨询帮助员工了解自身的各种健康问题,进行健康生活方式的教育,让职工了解健康卫生知识对身体健康的积极意义;提供体育锻炼的器材和机会;让职工有充分的体育锻炼的时间;推广和建立体育锻炼职工团体。

加强心理健康教育。在工作之余,需要对职工进行心理健康教育和心理干预,要帮助职工正确认识自己的工作环境和在工作生活中出现的不良反应,掌握一些基本的心理学知识和心理疏导方法。

# 第四章 旅客旅行心理活动与服务

随着社会经济的发展和人们文化生活水平的提高,人们乘车旅行的需要不断增加。乘车旅行的目的有多种,如公出、旅游、探亲等,不同的旅行目的伴随着不同的心理活动。旅行的目的能否顺利实现,很大程度上取决于运输工具所提供的服务水平对旅客需要的满足程度。

为了满足旅客对运输服务安全、迅速、方便、舒适等方面的要求,旅客运输部门需要从运输工具及客运服务质量等方面入手,树立运输企业形象,提供全方位的优质服务。

## 第一节 旅客旅行心理活动概述

心理学提示人们,需要产生动机,动机在环境条件满足的情况下导致行为,而在行为的整个过程中又伴随着各种各样的心理活动,这些心理活动直接影响行为的结果。旅客运输服务的过程,是围绕旅客从始发地到终到地移动而提供旅客所需要的各项服务的过程,客运服务项目的制订应考虑旅客心理的需要,并在实施中使旅客的需要得到满足,满足程度决定客运服务质量水平的高低。因此,旅客运输服务应以心理学为主要理论依据,通过对旅客旅行心理需要的研究,充分分析、了解和掌握旅客旅行中所伴随的各种心理活动,促使旅客运输部门针对不同的旅客心理需要,采取相应的服务方式,改善和提高客运服务质量,树立旅客运输企业良好的形象。与其他旅客运输工具相比,铁路客运服务项目的合理确定,以及服务项目在实施过程中使旅客满足程度的提高,是旅客运输业市场竞争力加强的体现。

### 一、研究旅客旅行心理活动的目的

研究旅客乘车旅行心理活动的目的主要是为了了解和解决以下两个方面的问题。

1. 旅行中心理活动

旅客在旅行中心里想到的各个方面,都反映了旅客对运输服务部门的要求,只有了解旅客内心想到的问题,才能提供使其满意的服务。

2. 根据旅客的需求运输部门采取相应的服务措施

根据旅客的需求采取相应的服务措施,会使服务更有针对性。从服务措施上说,旅客运输服务部门可从两个方面入手:一是从硬件设备入手,二是从软件管理入手。

### 二、影响旅客旅行心理活动的因素

使旅行活动成为现实的旅客,是作为社会中个体的人与旅客运输系统相结合的那部分人群,这些人因旅行这一共同行为集合在一起,形成一个临时性的群体。在旅客群体中,每一旅客既表现出个性心理特征和倾向,又表现出共性心理特征和倾向与群体的心理特征和倾向。旅客这一特定的群体,在旅行中所表现的一切心理活动,以及在心理活动支配下产生的一切行为结果,不仅受旅客运输系统这一特定的环境内的因素影响,还受运输系统外的其他因素的影响。影响旅客心理活动的主要因素有：

1. 环境因素

人生活在一定的环境之中,离不开环境的影响和制约。人生存的环境可划分为自然环境、社会环境和经济环境等。受环境因素的影响,形成了一个民族、一个地区特有的生活习惯、饮食习惯和旅行习惯。旅客将这些习惯带到乘车旅行中来,势必影响旅客旅行中的心理活动与行为,提出各种各样的需要。其中经济环境对旅客旅行工具的选择、旅行中需要的种类及其满足的程度等方面起着重要的影响。

2. 个人因素

在个人的成长过程中,环境的熏陶、教育以及在个人的发展中所形成的社会地位和身份,使每一个人形成具有相对稳定性的心理特征。这种条件在交通行为的过程中,会影响旅客的心理活动及其行为的结果。

3. 旅客因素

旅客因旅行的目的而形成一个群体,旅客之间在旅行的过程中必然要相互作用、相互影响、相互制约,从而产生旅客群体的一些心理特征和需要。

4. 运输工具及服务因素

运输工具的舒适性、经济性、安全性、快捷性,以及运输部门所提供的服务质量,影响旅客对该运输工具的选择。

旅客旅行的心理活动受上述四个方面的综合作用。所以,在了解旅客心理时,需要用系统的方法综合考查每一因素及相互关系,这样才能把握心理活动的内涵。

### 三、旅客旅行的动机表现

旅客旅行的动机来自旅客为什么要乘车旅行,即旅行的目的是什么。由于旅行的过程中必然要花费一定数量的旅行费用,这往往是决定旅行能否实现的重要条件。根据旅行费用的来源和支付的形式,乘车旅行的动机可划分为以下两种。

1. 因公需要的乘车旅行

旅行费用由单位支付。如开会、出差、调动工作、通勤、体育比赛、供销业务活动、单位组织的外出旅行等。

2. 因私需要的乘车旅行

旅行费用由自己支付。如探亲访友、旅行游览、就医、就学、购物、个体商业者的商业活动等。

旅客的旅行动机和目的是不尽相同的。以旅行者来说,他们有着不同的从事旅游活动的动机。在外国旅行者中,有的是为了欣赏中国的名山大川、文化古迹、工艺珍品、风味特产,前来度假或休养身心;有的是出于社会调查的动机,渴望了解中国的社会风貌、人民生活;有的是前来进行学术文化交流、参加集会、进行经济贸易活动;有的是为了从事体育比赛或结婚旅行等。

## 第二节 共性心理与服务

旅客乘车旅行的心理活动,贯穿了从他产生旅行的需要开始,到他到达目的地结束旅行为止的整个过程。旅客旅行的共性心理是指所有旅客在乘车旅行的过程中从开始买票到旅行终了,经过各个环节,遇到各种情况,所具有的相同的心理活动。一般来讲,人们出门旅行首先要考虑选择乘坐何种交通工具,其共性的心理主要表现为要对交通工具的安全、经济、迅速、方便等方面进行比较,然后再对舒适程度、服务质量等方面进行比较,分析哪种交通工具旅行条件优越,最后选定交通工具。旅客在旅行中的共性心理,是相当复杂的。下面对旅客共性心理活动进行一般性的分析。共性心理需要可划分为总体方面的需要和各旅行阶段的需要。

**一、旅行总体方面需要的表现**

总体方面的需要是每一位旅客在整个旅行过程中(包括旅行的准备工作及乘车旅行)一直存在的需要,主要表现为以下几个方面。

1. 安全心理

旅客乘车旅行最根本的需要就是安全的需要,它包括人身安全和物品安全两个方面。为保证旅行安全,旅客常综合考查自然环境状况、社会治安情况和运输工具的安全性等内容,再做出是否旅行的决定。

当亲友出门旅行时,我们祝福他"一路平安",这代表了出门旅行者最普通、最基本的共性心理要求。既然是"一路平安",就是指旅客从离开家门,一直到达目的地,旅行的全过程都平平安安。

"平安"就是不发生任何危及人身安全和财物安全的意外事故,也就是不会发生人身碰挤伤、摔伤、烫伤等伤害情况,旅行中所携带的财物、文件资料保持完整,不会发生任何丢失或损坏的事情。

在旅客运输服务过程中,努力实现旅客旅行安全心理需求,这是所有客运服务人员的首要工作。要求铁路运输部门加强社会、铁路沿线、车站和列车的治安管理,从技术装备上提高运输载体的安全性,从安全管理上提高客运服务人员对不安全因素的预测和及时处理等方面的努力。

2. 顺畅心理

送亲友出门旅行时,除了祝福他"一路平安"外,常说的另一句话是"一路顺风",讲的是旅行中的顺利、愉快问题,这也是出门旅行者的一个共性心理要求。还有一句话"穷在家里,富在路上",讲的也是旅行的顺畅心理问题。

旅客到车站购票,能够顺利地买到自己需要的车票;上车时,人虽然多,但能够顺利地找到座位;在用餐时,车站或列车能够提供经济、卫生、可口的食品;食用自带食品时,车站或列车能够随时提供开水;列车在运行途中,因某些原因,如铁路线路施工或意外运行事故等而耽搁,在这种情况下,能否保证列车正点到达终点站;准备换车时,有充裕的时间赶上接续换乘的列车等等。这些都是旅客出门旅行的顺畅心理需求。

要满足每位旅客的顺畅心理需求,做到时时顺畅、事事顺畅是不现实的。但是,从旅客运输服务管理的角度上说,应尽最大的努力满足旅客的需要。在为满足旅客需要而做工作的同时,还要做好宣传工作。对旅客要有良好的服务态度,遇到不能满足旅客需求的事情时,要进行耐心解释,使旅客明白为什么需求没有得到满足。在旅客旅行的过程中,由于运输部门的原因而发生的延误,影响到旅客旅行的顺利进行,旅客有权了解发生的原因,运输服务人员必须把事情的真相通告给旅客,让旅客心里有数,使其能够对自己下一步的行为预先进行计划。

3. 快捷心理

随着社会的发展，人们的时间观念发生了重大的变化，"快捷"成为旅客的一个主要需求。缩短旅行时间，迅速到达目的地，可以节约时间，同时也可以减少旅行疲劳。

4. 方便心理

方便的需要表现为在购票、进出站、上下车以及中转乘车等方面的便捷性。"方便"要求减少旅行中的各种中间环节，达到"快捷"的目的。法国巴黎的地铁公司曾经提出从城市的任何一个地点到地铁车站的距离不超过500米的口号，这是从最方便市民乘坐地铁的角度考虑的。虽然目前巴黎的地铁还没有达到口号中所说的程度，但这种思想是值得赞许的。旅客出门旅行，希望能够处处方便，这是一种很普遍的共性心理。为了适应旅客的方便心理，需要采取一些措施，如售票处多开售票窗口，延长售票时间；旅客进、出站妥善安排检票口和检票人员；站内通道设置引导牌；列车上随时办理补票手续；及时通告到站站名；餐车将盒饭送到每节车厢和保证开水及时供应；保证厕所开放，随时提供洗漱用水；以及其他希望旅客运输服务部门提供的服务项目，例如代办住宿登记，提供旅行用品等。从质量上，旅客希望运输服务部门提高办事效率，简化手续，改善服务态度等。

满足旅客的方便心理需求，其要点是使旅客感到处处、事事、时时方便，节省时间，能够使事情顺利办成。

5. 经济心理

经济心理表现在旅行需要的满足程度与所付出的费用、时间的比较中，希望在一定的需要满足程度之下，所付出的费用和时间最少。但旅客在乘车旅行中对经济性的考虑，一般是将两个因素结合在一起的，一是花钱的多少，二是由谁出钱，是自己还是他人。

上海1号线体育馆车站充分利用了乘客对免费报纸的需求心理，将原设在中部的发放点前移到站台南端，诱使部分乘客为取阅报纸向远端流动，减轻换乘区域的拥挤状况，同时也改善了站台上候车乘客的分布状况，使运行列车的载荷分布更加均衡。

6. 舒适心理

随着经济的发展，人们生活水平的提高，旅客对旅行的舒适性的需求提上重要日程，对乘车环境、文化娱乐、饮食、休息睡眠等内容的要求相应提高。这种需要的强度和水平受多种因素影响，旅行时间的长短往往是起决定作用的因素。

7. 安静心理

旅客出门旅行，离开家或工作场所，来到站、车，与其他旅客一起，共同旅行，一直处于动荡状态之中。在嘈杂的环境中，尽量保持安宁，减少喧哗，动中求静，这是人之常情，是大多数旅客的共同心理需求，尤其是在人较多的候车室和车厢内，需求更为迫切。要保持旅客旅行中的安静环境，一方面旅客本身要约束自己不要大声说话、喝酒猜拳、来回走动等；另一方面客运服务人员有责任加强对乘车环境的管理，积极地协调解决诱导和制止不利于安静的事件，避免旅客大声喧哗、吵闹，更要避免与旅客发生口角、争吵，影响旅客休息。

心情安静与否，在一定程度上取决于人对环境的感受。一个井然有序的环境，可以使人心平气和，心情平静。因此，要加强对环境有序性的管理，这种有序性包括两个方面：一是物的有序性，二是人的有序性。另外，保持站、车公共场所的清洁卫生也是有序性的一种表现。

清洁、卫生的环境使人内心愉快,心情平静;脏、乱、异味弥漫的旅行环境,会使人内心烦躁、心情郁闷。

## 二、旅行各阶段需要的表现

在旅客旅行过程中,不同的阶段,存在不同的心理活动和需要内容。因此,我们需要对每一阶段的心理活动进行分析,实施有针对性的服务,以保证旅客的要求得到满足。旅客乘车旅行的心理活动过程可划分为以下八个阶段。

1. 旅行动机的产生

任何一种旅行都有它的动机,主要表现在出差、旅游或探亲等方面。在做出旅行决定时,旅客常常对旅行的各种情况进行综合分析,存在一定程度的旅行顾虑。

2. 旅行工具的选择

当旅客决定旅行后,就会考虑旅行工具的选择,旅行工具有铁路、公路、民航、水运等。对旅行工具的选择受旅行动机、旅行者身份、旅行时间、旅行费用以及旅行工具的安全性、舒适性、服务质量等方面的影响。

3. 购票

购票心理主要表现在两个方面,一是购票前的心理,反映在对乘车线路、车次及始发终到时间、购票时间、购票地点、购票手续、车票紧张情况等旅行信息的了解方面。二是购票时的心理,反映在对旅行信息的进一步了解和掌握上。希望售票窗口按时售票,有良好的秩序,无须排队,售票人员服务热情,售票正确无误,能够买到符合个人要求的乘车日期、车次、到站、席别的车票。希望提供预售、函订、电话预约、送票等多种服务。

4. 去车站

考虑从居住地到达车站所需要的时间,以及对市内交通工具的选择,旅客常常担心赶不上车,所以总要提前一段时间到达车站。

5. 进入车站及上车

在车站等候上车时的心理活动表现为多种形式,主要反映为以下几种:

①能否顺利进入车站。

②希望办理物品托运的手续简单、迅速、准确,在一个地方一次能够办完,不必增加搬运次数。还有人希望旅客运输部门提供接送业务。

③寻找指定的候车位置,担心候车位置不正确。希望检票地点明显,候车场所清洁、温度适宜、空气清新、照明充足,各种指示牌简明、广播及时、清楚,夏季在室外有遮日光、避风雨的休息条件,候车时间长的旅客希望能够有专门的休息室。还希望有适宜的用餐、购物、文娱活动场所等。

④信息不清楚时希望一次能够得到清楚、正确的回答,怕服务人员态度生硬,回答时不耐烦、不清楚。

⑤因提前到达,等待时间如何消遣的问题。

⑥候车旅客多时,担心进站台拥挤及车上无放物品之处;希望能按时、有秩序地检票,有秩序、按顺序上车。

⑦需要对随身携带物品寄存时,希望手续简单、寄存可靠、不发生物品损坏,希望寄存费用低廉。

⑧漏乘时对车次的变更及退票的处理。

6. 车上旅行

在列车上,旅客的需要表现在物品及人身安全、环境舒适、饮食方便、旅行中的消遣、对目的地基本情况的预先了解等方面。对长距离旅行的旅客来讲,这些需要表现得更为明显。

①在硬座车厢内乘车,希望能够迅速找到座位,放置好物品。希望车内卫生整洁,不拥挤,饮水、饮食方便,服务人员热情,能够提前通报到站站名,有一定的娱乐设施。

②在卧铺车厢内乘车,希望乘车环境清洁、安静,能得到舒适的休息,旅行途中不被干扰。

③在餐车用餐,希望用餐方便,卫生可口,质量好,价格适宜,也能够送饮食到车厢或买到其他经济食品食用。

④在沿途大站站台上购物,希望能够买到当地土特产品和风味食品。列车到站前,能够得到这方面的信息。

7. 到站下车及出站

旅客到达目的地车站后,考虑到托运物品的提取、城市交通工具的选择、饮食、住宿等方面的问题,希望能够有秩序、迅速出站,有亲友接站的旅客,希望能够很快见到迎接的亲友。

8. 继续乘车旅行

如果旅客在到站作短暂的停留之后继续乘车旅行,需要解决中转签字或重新购票,以及在停留地的住宿、饮食等方面的问题。

### 三、旅行心理需要的规律性表现

旅客旅行需要,无论是总体的表现,还是各阶段的表现,都呈现一定的规律性,概括为以下三点。

1. 需要的档次性

随着需要的满足,需要的档次也在提高。对旅客来讲,在把乘车旅行的需要转变为行动前,总是先把需要水平定在一定的程度基础上。这样,在其行动时,就会出现两种情况:

①需要水平定得太高,旅行条件不允许,需要不能得到实现。如果出现这种情况,旅客的旅行受到挫折,旅客可能会产生两种反应,一是中止旅行,二是将需要水平降低,然后再看旅行条件是否允许。

②旅行条件能够满足需要水平的实现,这样旅客旅行的行为能够进行下去。但旅行能够进行下去的同时,旅客的下一步需要水平也会相应地提高。因此,需要的满足,经历了由简单到复杂、低级到高级、物质到精神的发展过程,相互联系又呈现阶梯式上升的态势。例如,旅客在对旅行条件分析的基础上,将车票需要水平定为硬座票,如果到售票处很容易地买到了车票,这时他就可能想到如果能买到硬卧票就好了;如果硬座票没有买到,而他又必须旅行,这时就会想到有张无座票也行了。

2. 需要的强度性

旅行需要强度受多种因素影响和制约,尤其是旅行的目的、距离、时间以及服务人员的服务态度和服务质量等方面的因素。

**3. 需要的主次性**

在旅客旅行的过程中,心理活动反映出的需要不是单一的,而是多种多样的。各种需要之间也不是并列、不分主次的关系。在旅行的每一阶段总有一种或两种需要处于主导地位,其他需要处于从属地位。例如乘车前,购票需要是第一位的,车票买不到,其他旅行的所有需要都不能成为现实。买到车票后,有关乘车安全、生理等方面的需要则处于主导地位。所以,要掌握旅客心理活动的规律性变化,为深入细致地做好服务工作创造条件。

**四、服务措施**

为满足旅客旅行心理需要,我们提出全方位的心理服务思想。全方位服务思想就是将旅客旅行整个过程中产生的所有心理活动综合在一起考虑,使旅客的需要得到满足的一种服务思想。实施全方位心理服务可从以下三方面入手。

**1. 延伸性服务**

延伸性服务包括旅客进入车站前及出车站后的所有方面。主要服务项目包括:

①加强旅客运输服务信息的宣传与信息的咨询。根据旅客旅行的需要预先或随时提供旅客所需要的各种信息,加强旅客和旅客运输部门之间的相互了解。

②做好与其他交通运输工具的协调配合,满足旅客集结、疏散、中转乘车的需要,加强旅客列车发生晚点等异常运行情况时对旅客的组织。

③加强旅馆、餐饮业的组织和管理,满足旅客住宿、饮食方面的需要。

**2. 车站服务**

车站服务项目需要从软件(即管理)和硬件(即设备设施)两方面入手。

①加强客运服务人员的职业培训与管理,提高客运人员的管理水平、业务能力和职业道德水平,提供周到、热情的服务,使旅客上下车得到有效组织。提供满意的服务,保证对旅客的进出站、中转签证、补票、退票及漏乘等方面的服务质量。

②改进铁路车站的设计,例如改进车站的进出口,使其有利于旅客的进出;增加购物、饮食、饮水、洗漱、上厕所、娱乐、休息等服务设施。

③采用先进的技术设备,如客票预售系统、旅客自动引导显示系统、列车到发微机通知系统、旅客信息咨询系统、广播系统、行包托运管理系统等,满足旅客对旅行信息、购票、上下车等方面的要求。

**3. 列车服务**

提高列车服务质量同样需要从软件和硬件两方面考虑。首先,加强对列车工作人员的技能培训,提高列车工作人员的素质和服务水平,做到随时根据旅客的需要,提供满意的服务。其次,改进列车的饮食供应,提供物美价廉的食品和饮料。最后,从旅客列车车体的设计和运用方面考虑,提高车体座位的舒适性,加强车厢内的通风、温度调节,增加车厢内的娱乐、广播电视设施;提高旅客列车运行速度,缩短旅客旅行时间。

对旅客共性心理需要的研究是旅客运输部门加强旅客运输管理,采取各种服务措施的基础。在旅客运输市场竞争趋于不断激烈的情况下,提高客运服务质量,努力树立旅客运输企业的形象,是提高旅客运输企业竞争力的重要措施。客运服务质量提高的标准,就是从根本上满足旅客的需要。为旅客提供全方位的服务,需要对旅客心理活动进行系统的分析,了解旅客的需要,采取措施,这样才能更为有效地解决旅客运输中存在的问题。

## 第三节 个性心理与服务

人们在旅行过程中的共性心理,是大多数旅客在旅行时普遍的、通常的心理要求。但对每个旅客来说,由于自身条件、旅行条件、个人性格、爱好、观念的不同,又必然会有不同的心理要求,这就是旅客旅行的个性心理需要。例如,学生的旅行心理,有的学生是好动不好静,也有的学生却是好静不好动;买卧铺票的旅客有的希望买到下铺,而有的旅客却愿睡中铺,甚至上铺。可见在旅客的共性心理需要中包含着个性心理需要,普遍性中也蕴含着特殊性。

旅客在旅行过程中,当旅行条件发生变化时,心理需求也会随之变化。旅行者的心理活动除受自身条件制约以外,还受客观事物多变性的影响。所以,旅客的个性心理与共性心理是十分复杂的。客运服务人员在服务工作中,既要掌握旅客旅行的共性心理,又要探索和理解旅客的个性心理,这样才能避免服务工作的片面性和盲目性,才能做到更加主动、更有针对性地实现文明服务、礼貌待客。由于广大旅客的个性心理复杂多变,包罗万象,客运服务人员要全部了解、掌握是极为困难的,而且也无这种必要。但我们应该注意综合一些具有较普遍、较典型、有代表性的个性心理,以便在日常服务中能够了解旅客的心理,提供有针对性的服务。

社会上的每一个人,都有可能成为旅客运输业的服务对象,从乘车旅行的角度,适当将市场细分,从研究每一类旅客的心理需要来了解这一类旅客旅行的个性心理需要,是有效地解决问题的出发点。下面用七种分类标准对旅客进行分类,分析每一类旅客的旅行心理。从某种意义上说,这种通过分类获得的某一类旅客的心理,对全体旅客来讲,它属于个性心理;但对该类旅客讲,它属于共性心理。

**一、气质划分**

旅客的气质,在整个旅行活动过程中会通过他们的言行表现出来。深入细致地观察旅客的言行,可以了解旅客的气质类型,从而更有针对性地提供服务。

1. 急躁型旅客

急躁型相当于胆汁质。急躁型旅客对人热情、感情外露、说话直率爽快、言谈中表现自信,这种类型的旅客容易激动,通常喜欢与人争论问题,而且力求争赢。他们对服务的评价易走极端,在旅行中常常显得粗心,经常丢失东西。在服务工作中,对急躁型旅客,言谈应注意谦让,不要激怒他们,不要计较他们有时不顾后果的冲动言语,一旦出现矛盾,应当尽量回避。随时提醒他们别乱扔、乱放东西,以防丢失。

2. 活泼型旅客

活泼型相当于多血质。活泼型旅客表现活泼好动,他们反应快,理解力强,显得聪明伶俐。他们动作敏捷、灵活、多变。旅行中他们对人热情大方,喜欢与人交往和聊天,喜欢打听各种新闻。他们情感外露,并且变化多端,经常处于愉快的心境之中。在服务工作中,对活泼型旅客,应尽量满足他们爱交往、爱讲话的特点。在与他们交谈过程中,不要过多重复,以免产生不耐烦。旅行中服务人员应主动向他们介绍车站设施及娱乐场所,以及各地风光和特产,以满足他们喜欢活动的心理。

### 3. 稳重型旅客

稳重型相当于黏液质。稳重型旅客平时表现安静,喜欢清静的环境。他们很少主动与人交往,交谈起来很少滔滔不绝和大声说笑,情感很少外露,使人猜不透他们想什么或需要什么。但稳重型旅客自制能力很强,做事总是不慌不忙,力求稳妥,生活有固定的规律,很少打扰别人。他们反应慢,希望别人讲话慢些或重复几次,自己讲话也慢条斯理,显得深思熟虑。他们的注意力比较稳定,对新环境不易适应,但一旦适应了又会对乘坐过的列车或打过交道的服务人员产生留恋之感。在服务工作中,对稳重型旅客介绍或交代事情时,应当注意讲话的速度,重点适当重复一下。一般情况下不要过多地与他们交谈,如有交谈,也应尽量简单明了,不要滔滔不绝,以免他们反感。

### 4. 忧郁型旅客

忧郁型相当于抑郁质。忧郁型旅客感情很少向外流露,心里有事一般不愿对别人讲,宁愿自己想。旅行中表现出性情孤僻、不合群、沉默寡言的特点,不喜欢在公共场合与人交往和聊天。这类旅客对事情体验深刻,自尊心强,很敏感,好猜疑,想象力丰富。他们在遇到困难或挫折时,会表现得非常痛苦,如丢失东西、身体有病或与人发生纠纷后会长时间不能平静。他们讲话慢,有时又显得话很多,怕别人听不清楚产生误会,他们行动迟缓、反应慢。在服务工作中,对忧郁型旅客应当十分尊重,对他们讲话要清楚明了,和蔼可亲。尽量少在他们面前谈话,绝对不要与他们开玩笑,以免产生误会和猜疑。当他们遗失物品、生病时,应当特别关心并给予帮助,想办法安慰他们,使之感到温暖。

## 二、职业划分

人们在社会生活中,因职业不同,造成所处社会阶层和生活方式不同,从而形成不同的心理特点和旅行需要。这种不同的心理特点,反映在乘车旅行生活中,便会对旅客运输服务工作产生不同的要求。因此,可以根据职业对旅客进行分类,分析不同的职业各自所具有的心理,从而了解不同职业旅客的心理活动,有针对性地做好服务工作。根据职业的划分,不同职业的旅客在旅行中的心理表现也不同。

### 1. 工人

工人组织性、纪律性较强,在旅行时对旅行条件一般要求不高,比较重视旅行费用的高低。私人旅行希望少花钱,公出旅行希望能获得旅行补贴。因此,能有个座、吃上饭、喝上水就行,没有座位也能克服。工人旅客在旅行中一般都能自觉地遵守铁路的有关规定,维护站、车秩序,并能积极协助和支持客运服务人员的工作。

### 2. 农民

我国农民人口占社会总人口较多。随着经济的发展、农村改革与农民生活水平的提高、思想观念的变化,农民乘车旅行的次数和人数呈增长趋势。农民出门乘车旅行比较突出的特点主要表现在三个方面:

①出门携带物品较多。
②多数农民旅客因不常出门,缺乏旅行常识,在旅行中又很少提出要求。
③强调乘车的经济性,尽量减少旅途费用。

根据其旅行的特点,突出的个性心理活动是个"怕"字,怕事、怕别人询问、怕买不到车票、怕上不去车、怕坐过站。想问,但犹豫不决又不敢问。有些农民旅客听不懂站、车广播,听不清广播术语,不明白解释的内容。所以,客运服务人员应多掌握和体贴农民旅客的个性心理,主动、热情地为他们服务。

3. 军人

一般来讲,现役军人具有较强的纪律性、自觉性和组织性,能够主动维护站、车秩序,支持服务人员的工作。军人旅客在旅行中顺畅心理表现得很明显,一旦发生问题,不希望在大庭广众之下处理。单独旅行时希望能买到预想的车票,能有个候车的地方。比较注重文化生活,希望能听到新闻广播,看到书报。携带枪支文件的军人、干部,希望在站、车上不发生意外。

4. 干部

干部大多具有一定的旅行知识,他们突出地表现出方便和顺畅的心理需要。他们希望买到预想的车票,会担心列车晚点,打乱旅行计划。喜欢有个整洁、卫生的乘车旅行环境,吃到经济可口的饭菜等。他们很注意客运服务人员的服务态度、服务作风、服务水平,十分关心旅客运输工作,常愿意提出意见和建议。

5. 学生

学生旅客主要指的是大、中专学生。学生处于青少年时期,精力充沛,思想活跃。在乘车旅行中,乘车心切,急于到达目的地,总是尽量减少在车站的滞留及等待乘车的时间,买到车票有座即可。旅行中的心理行为表现在喜欢聚集成群,好奇、好动;喜欢说笑、娱乐、热闹;爱看书、串座、串车厢;到站喜欢下车散步买东西;夜间乘车横躺竖卧;饮食不讲究,经济实惠即可。客运服务人员对他们的行为应礼貌地给予提示,以免影响别人,或给自己增添麻烦。

6. 自由职业者

随着经济的发展,社会行业不断增多,为人们提供了多种可选择的职业。在旅客运输中,自由职业者人数不断增加,这部分旅客对运输服务业提出了新的要求。自由职业者大体上分为三种。

①经济条件优越,旅行常识比较丰富的自由职业旅客。由于经济条件优越,个人经历和阅历比较丰富,在与他人交往中常以自我为中心,随心所欲,讲究行为的长远效果。这部分旅客乘车旅行共同的个性心理是:追求旅行的舒适性,不注重旅行费用,如有软卧,不乘硬卧;如有特快,不乘直快;如有餐车供应饮食,不自己携带食物等等。这部分旅客一般喜欢与同行的其他旅客聊天,或与客运服务人员聊天,联络感情。

②从事长途商业贩运的自由职业者。这部分旅客流动性大,结构复杂。一般情况下,他们携带的物品或资金较多,共同的旅行心理是:既怕有人找他们的麻烦,又想在旅行中取巧,获得一定的利益。例如,有些人携带超重物品、违禁物品,企图在车票上做文章,花钱雇人捎送物品,与客运服务人员联络感情,替他们办事等等。因为一些做法属于违章行为,他们怕被察觉,在旅途中常担惊受怕,心事重重。这部分旅客中有取巧行为或违法活动的,要按法律和规章制度严格处理;对大多数正常经营的长途商业贩运的自由职业者,应该热情、礼貌地为他们服务。

③去外地打工的自由职业者。这部分旅客大多数属于青年农民。其中有的外出多年,有一定的旅行常识,有的初次离家外出,缺乏旅行常识。他们在乘车旅行的过程中,比较突

出的心理活动表现在要求旅行的顺畅上。一般不计较旅行的条件,只要能够买到车票、坐上车、顺利到达目的地即可,其他都是次要的问题,少许困难自己可以克服。客运服务人员对这部分旅客,应该体谅他们的旅行心理,从购票、候车、乘车旅行、出站等多方面提供使其满意的服务,不能因为他们不提或少提要求,而忽略了对他们需要的满足。

7. 除上述职业以外的旅客

除上述按职业进行划分而谈到的旅客种类外,还有其他种类的旅客,例如港、澳、台同胞、侨胞、外宾、家属、城市居民、无职业者等各阶层人士,每一类旅客在乘车旅行中有一些共同的个性心理需要。通过分析这些共同的需要,可以有针对性地为他们提供服务,从而提高服务水平,创造更好的经济效益和社会效益。

三、旅行目的划分

旅客出门旅行,虽然有些人职业相同,但因旅行目的不同,其心理状态也会存在差异。同时,虽然职业不同,但旅行目的相同,也会有相同的心理活动表现。

1. 公出

公出旅客共同的个性心理要求是旅行条件能好一些,希望能够买到卧铺;乘坐较快、较好的列车;换乘车次受公出的目的制约;时间性强,怕晚点;饮食要求经济实惠;在旅途中喜欢站车整洁、有序;爱看书、听广播,几个人聊天或玩扑克;比较关心旅客运输服务工作的改进和工作人员服务态度等方面的变化。

2. 旅游

随着人民生活水平的提高,以出门旅游为目的的旅客将越来越多。他们共同的个性心理是盼望顺畅、便利,能够玩得愉快、高兴。但长途和短途旅游的旅客又有不同的心理状态。

长途旅游旅客,因旅行距离长,对旅行条件要求较高,希望能够购买到预想的车次、车票种类,在站、车上休息好,希望能够多看到、听到沿途的风光和介绍,了解旅游景点的信息等。

短途旅游旅客,多数利用双休日、节假日到近郊名胜、海滨、集市等去进行一两天的短距离旅游,所以时间观念强,乘车要求条件不高,只要能够上车,车内拥挤一些也可以,希望夜行晨到、早行晚归,不超过旅行计划的时间安排。

3. 探亲访友

这部分旅客从事各种职业,在全部旅客中占有一定的比例,尤其是在重要节日或较长时间假日期间,这类旅客人数较多。探亲访友旅客共同的个性心理表现在旅客出门最基本的平安、顺畅、便利、安静等方面。

4. 治病就医

乘车到外地就医,患者和陪同的家属心情都很沉重,一般有三种情况:

①重病患者。因存在生命危险,希望旅客运输部门给予方便、照顾。病人不离开担架,且担架放置平稳,陪护人员能够在病人身边,随时照顾病人。到站后能够迅速出站,前往医院等。

②病情不严重者。病情不严重者,有的有人陪同,有的无人陪同,一般能够自己照顾自己,但存在行动困难的问题,希望得到照顾,能有一个坐、卧的地方,有餐、茶供应,万一病情加重,能够得到车站、列车的应急处理。

③行动不便的残疾人。残疾病人外出,往往希望在进出站、上下车时得到牵引扶持,在车站内、列车上能坐、卧,在饮食方面能够获得多方照顾。

**案例**

20××年8月19日,D924次列车16车二等座上来一对父子,儿子腿伤不能弯曲,要去北京就医,为了省路费,买了卧代座的车票。列车员小唐在他们上车时,立即过去帮忙提行李;上车后为他们协调安排了一个既方便照顾,又有空间搁腿的座位;得知接站的人没有站台票,只能在站外接站,父子俩行李又比较多的情况时,小唐及时向列车长汇报,列车长立即联系车站服务台,允许家属进站。当列车进站时,家属和"小红帽"已经在站台上等候。

**案例**

2015年5月3日,大雨瓢泼,D5466次列车停靠在宁波东站。列车长小潘接到客运值班员移交来的一位双目失明的男旅客,她当即将旅客搀扶至离自己最近的9号车厢,安顿好座位。在嘘寒问暖中,小潘得知该旅客名叫陈超,独自乘车回无锡老家探亲。当时宁波是下雨天气,气温较低,陈超身上的衣服已经被雨水淋湿了。小潘心想应尽快帮助旅客驱逐寒气,便向随车乘警借来一件外套给他披上,又安排列车员送来热茶。一路上,列车员无微不至地关心照顾陈超,每隔一段时间为其续茶,午餐时帮助买饭。"我是盲人,可我心里很亮堂。你们动车服务质量好,虽然我早有耳闻,但通过今天亲身体验,感觉你们的服务比我想象的还要好,谢谢你们让我感到如此温暖!"陈超感慨地说。列车快到无锡站时,天色暗了下来,看样子要下雨了。小潘连忙用手机联系陈超的亲人,告知站台号、车厢位置,并提醒带好雨具。到站后,小潘亲自将陈超交至其亲人手中。与陈超作别时,天边突响几声惊雷,站台上的遮雨棚"啪啪"几声,雨点子骤急起来。大街上,人们撑着五颜六色的伞。无锡站静卧在茫茫雨幕里,是那样的从容,那样的泰然。

5. 通勤通学

这部分旅客,每天要两次乘坐交通工具,乘车经验丰富,对车站、列车到开时间非常了解,时间观念强,往往按点上车,到站又急于下车。有些人常自认为情况熟、环境熟,有"应变"能力,图方便、好侥幸,忽略站、车的规定,于是做出违章违纪的行为。客运服务人员要理解他们长期通勤通学,早出晚归的困难,对他们积极诱导,多同情、少强制,多服务、少指责,尽量为他们创造一些方便的旅行条件。旅客运输部门还可以和厂矿、学校签订协议,共同对通勤、通学人员的乘车问题进行管理,一起维护站、车秩序。

6. 旅行结婚

随着经济的发展,人民生活水平的提高,人们的生活观念也发生了变化,越来越多的青年人喜欢采取旅行结婚的方式。结婚是一件愉快、高兴的事,常常图吉利、求顺畅、讲阔气。在旅行中,一般追求安静、舒适的乘车环境,不希望有他人干扰或影响他们正常、安静的旅行生活。对此实行礼貌、适当的服务显得很必要。而对他们动作过分亲昵,有碍观瞻时,客运服务人员要正确理解,婉言相劝,不要进行不礼貌的干涉。

7. 其他

除上述旅行目的以外,还有疗养、参加体育活动、奔丧等多种旅行目的。其共性的心理和相近目的的旅行者大致相同。

**四、旅行行程和性质划分**

1. 根据旅行行程划分

旅客因旅行行程不同，存在心理需要的差异。前面对长、短途旅游旅客的心理状态进行了分析，下面从铁路运输部门按照旅行行程对旅客的分类分析旅客所具有的个性心理。

(1) 长途旅客

指乘车时间在 12 小时以上的旅客。长途旅客一般要求能够买到直通车票、卧铺票，希望用餐、饮水供应方便，喜欢看书报、聊天或进行一些娱乐活动消磨乘车时间，以解除长途旅行中的疲劳和寂寞。

(2) 短途旅客

因乘车距离较近，旅行条件较差也能够克服。短途旅客大部分在中间站上、下车，进出站的共同心理是图方便，喜欢横越线路，甚至在站内任意通行。因此，客运服务人员应对短途旅客的旅行安全或无票乘车现象多加注意，需要从车站进、出口设置，旅客进出站组织、引导等方面入手，加强管理工作。

(3) 市郊旅客

市郊旅客是来往于城市近郊或邻近城镇之间的旅客，通勤通学是市郊旅客乘车目的中的一种。这部分旅客乘坐火车，就如同乘坐市内其他交通工具一样，希望随时买票，随时上车；没有座位，站一会儿就行，乘车时习惯站在车门处，到站时急于出站，越方便越好。他们来去匆匆，没有什么要求。客运服务人员提供服务时，说话礼貌就可以使他们满意。

2. 根据旅行性质划分

(1) 本地旅客

铁路运输部门称其为发送旅客。发送旅客按不同职业、不同旅行目的以及不同旅行行程，表现出不同的心理需要。前面已经进行了说明。

(2) 换车旅客

换车旅客又称为中转旅客。换车中转产生的原因主要有三种：

① 无直达列车，必须在某一车站换乘。

② 为了在中途的某一站办事或基于缩短旅行时间着想，而在某站换乘。

③ 购买不到直达车票，只能换乘。

中转换乘比较麻烦，因此中转旅客共同的个性心理表现在：从始发站就能够买到到达目的地的换乘车票；在换乘站有合适的接续车次；换乘手续简单，可以随时办理。一般来讲，希望能在车上签字，下车后不再签证；必须下车签证的，最好不出车站；必须出站签证的，希望签证处标识明显，秩序良好，能够很快得到签证；签证完后，希望换乘方便，有候车休息的地方。在换车转乘时，旅客还担心列车晚点、签不上证、在换乘车站等待时间长等问题。

(3) 持公用乘车证旅客

铁路职工持公用乘车证旅行，从铁路角度看，他们属于路内职工，但对于旅客运输服务部门来说，他们同其他旅客一样，是旅客运输部门的服务对象。铁路职工持公用乘车证乘车旅行，无须买票，他们因对旅客运输服务非常了解，熟悉有关客运管理的各种规定，在客运部门熟人多，在旅行中相对一般旅客具有一定的优越感。在旅行过程中，大多数人能够维持列车秩序。但也有一些人,不遵守客运管理的规定,在各种进、出车站站口,随意进出车站;不走通道,横越线路,只图自己方便;并且在车站内、列车上,喜欢找熟人、拉关系、走后门,好让客运服务人员为他们提供额外方便。

**五、旅客自身条件划分**

旅客的自身条件是指旅客的年龄、性别、体质、籍贯等方面的条件。

*1. 不同年龄旅客*

老年旅客。老年旅客都有安静心理,因行动不灵活,体力差,喜静不喜动。旅行要求不高,不爱给客运服务人员添麻烦;在旅途中遇到困难,比较沉着。老年旅客是客运服务人员的重点服务对象,在服务中要多为他们提供方便,多给予照顾。

中年旅客。中年旅客占旅客客流量的较大比重。城市中的中年旅客一般具有丰富的旅行知识,农村旅客则较差一些。中年旅客比老年旅客行动灵活,比青年旅客稳重。客运服务人员在满足中年旅客需要的同时,应虚心向中年旅客请教,接受他们对客运工作提出的意见和建议,据此改进服务方式,提高服务质量。

青年旅客。青年旅客是指青少年、儿童旅客。他们乘车旅行的好奇心强,喜动不喜静,非常活跃,前面已经对他们共同的个性心理进行了分析。

*2. 不同性别旅客*

男性旅客。一般来讲,男性旅客在旅行时比较好动、喜欢说笑、遇事不愿迁就,尤其是在和女性、少年儿童、老年人同行时,要求较多、好强;但又表现为比较随便、慷慨,办事马虎、粗心。有些人喜欢在旅途中吸烟、喝酒、吃东西,喜欢娱乐活动等。

女性旅客。相比之下,女性旅客比男性旅客旅行要求更少,只希望顺畅到站。带小孩的旅客更是宁可自己受累,不愿小孩受苦,也不愿麻烦他人,而且怕小孩吵闹,影响其他旅客休息。她们经济观念较强,多数在旅行途中省吃俭用。

*3. 不同体质旅客*

根据体质状况,大体可将旅客划分为正常健康型、体质较差或有一般疾病型、重病患者型三种。对不同体质旅客共同的个性心理,参照其他类型旅客的心理分析。

*4. 不同籍贯旅客*

根据籍贯不同,可将旅客划分为两类:当地旅客和外地旅客。当地旅客对乘车环境和当地情况比较熟悉,心理上没有顾虑,旅行的问题少。外地旅客对乘车环境和地域情况不熟悉,心理上顾虑较多,甚至听不懂地方口音,怕出差错,这部分旅客是客运服务人员重点服务对象,服务要热情、主动。

**案例:观察表情听声音,热情服务细入微**

20××年6月16日,D5590次列车从宁波东站开出后,列车长小李巡视车厢时发现餐车连接处靠着一位七旬老人,她上前询问:"大爷您好,请问您是几号车厢的,没有座位吗?"大爷从皱巴巴的衣兜里掏出车票,票面显示宁波东到苏州,9车25号座位。小李随即问:"大爷,您是不是不知道座位在哪儿呀,我领您过去好不好?"大爷并没有要跟小李走的意思,问:"啥时候到苏州?"小李:"大爷,要20:11才到苏州呢,您不要着急,先回到自己座位上坐着,到站前我会过去提醒您的,放心好了。"大爷木讷地站在那里,小李心里"咯"一下,突然脑海中闪现出广播员培训时的情景,广播指导曾反复强调,中国好多地名发音相似,在播报站名时一定要咬字清晰发音标准,以免耽误旅客行程。大爷说的是方言,他说的苏州会不会是宿州?想到此,小李赶紧问:"大爷,您是要去江苏的苏州,还是安徽的宿州?"大爷:"安徽,安徽宿州呀,过淮河……在符离集南边……宿州原先叫宿县!唉,刚才买票时俺说了半天,可售票员给了俺这张车票,这可咋办?"本趟列车终点站是南京站,不经过宿州。小李一边安慰大爷,一边查找中转列车时刻。还好,本次列车到达苏州站后刚巧有趟既有车路过宿州。小李连忙将中转车次、时间告知了大爷。大爷突然哭诉说:"姑娘,俺的钱全用来买这张车票了,现在身上只剩10元钱,还是用来转公交车的,俺这不是回不了家了吗?""车长,我们大家一起帮他筹吧,钱也不是很多。"列车员小王提议。大家正准备筹钱,这时,一位旅客知情后掏出一百元救了大爷的急。考虑到大爷还没吃饭,列车员纷纷将自己带的泡面、饼干、牛奶拿出来送给大爷,周围旅客有的陪大爷聊天,有的帮他冲水泡面……列车到达苏州站,小李扶大爷下车,然后由站方将大爷送上中转去宿州的列车。服务工作一定要认真细致,对于因口音不通、不熟悉地域情况等出现乘车问题的旅客,要重点关注,通过察言观色、耐心询问,详细了解旅客的需求和困难,及时提供相应的帮助。

### 六、旅行情况划分

1. 没有买到车票,却又想乘车的旅客

这些旅客想方设法争取上车。客运服务人员应理解他们的心情,了解这些旅客急于上车的原因,如确有急事,应采取灵活机动方法,允许上车后补票。

2. 上错车、坐过站、下错车、中途漏乘等情况的旅客

旅客在旅行中发生这方面的失误,本身有一定的责任。但从另一方面,也反映出旅客运输服务中出现的一些问题,服务做得不周到、不细致。在发生此类情况后,旅客心情焦急、慌乱,希望客运服务人员帮助妥善安排。客运服务人员应一面安慰,稳定情绪,一面积极想办法帮助解决,防止发生其他意外。

3. 超负荷列车中的旅客

列车在超负荷情况下,会带来许多问题。例如车厢内拥挤、旅客无座席、空气不流通、闷热、有异味等等。这种情况下,旅客会有怨气、心情烦躁,旅行时间越长表现得越严重。对有座位的旅客来说,其身边有长时间站立的旅客,自己会感到不舒服,造成休息不好。这时,应注意站车内的环境,尤其是保持适当的通风和适宜的温度;做好对旅客的组织,使站车内有序。

4. 携带"三品"进站上车的旅客

携带"三品"进站上车,有两种情形:

①不知自己所携带物品为"三品",误带上车,看到、听到严禁旅客携带"三品"进站上车的宣传后,犹豫不决,不知如何处理。

②旅客有意将"三品"携带上车,他们担心被查出,对客运服务人员有害怕心理。客运服务人员对那些在乘车时表现出犹豫、徘徊、坐立不安情绪的旅客,应主动观察和询问,既可以查出"三品"防止意外事件发生,又可以了解到其他情况,提供适当的服务。

5. 丢失物品的旅客

旅客丢失物品之后,表现出着急、焦虑、埋怨、后悔,心情沉重,不知所措等心理活动和行

为。客运服务人员要对丢失物品旅客进行安慰,注意旅客的动态,防止发生意外;同时积极配合公安人员寻找、破案。

**案例:快速行动,感动台胞**

20××年5月10日,杭州客运段收到一封来自中国台湾的表扬信和一面锦旗,表扬信字里行间洋溢着旅客对D3212次列车长石艳华"急旅客之所急,待旅客如亲人"的崇高敬意。原来,今年的4月18日,台胞娄某乘坐D3212次列车,在温州南站下车,快走到出站口时,猛然发现少了一个手提包!他顿时紧张起来,一时不知如何是好。他努力让自己冷静下来,将整个行程在脑海里前前后后过了一遍,最后确定包可能遗留在了列车行李架上。可是,此时列车已经驶出了站台。想着手提包内共价值4万多元的贵重物品,这位花甲老人心急火燎。于是,他气喘吁吁地推开了车站值班室的门。温州南站值班员通过与杭州客运段值班室联系,得知当天值乘D3212次列车的列车长为石艳华。列车长小石接到温州南站值班员打来的电话后,一秒钟也没敢耽搁,以最快的速度跑到车厢,辨认位置,仔细寻找,终于在第一时间找到了手提包并妥善保管。几十年未回祖国大陆的娄某,捧着失而复得的手提包,惊喜万分,但更多的是感激。他竖起大拇指称赞列车长"有责任心、有爱心、有素养"。

6. 无票乘车或携带物品超重的旅客

在旅客中,常会出现买短途车票乘坐长途车、买站台票乘车、不买票乘车、借用公用乘车证乘车、越席乘车、持无效票乘车、携带超重物品乘车等情况。对待存在上述问题的旅客,要分析问题产生的原因,判断是属于有意识还是无意识的行为。如果属于有意识行为,这些旅客常表现为心理惶恐不安,怕被发现。客运服务人员应坚持原则,按章处理,在处理中应注意态度。

7. 对旅行条件不满意、不如意的旅客

在旅客旅行过程中,总会出现一些对旅行条件不满意的事情,如未购买到预想的车票、未购买到卧铺车票、托运行包受到限制、餐车用餐时对饮食或服务不满意等。在这种情况下,旅客常表现出埋怨、气愤、不满的情绪。对此,客运服务人员一方面应检查自己工作中存在的问题,采取适当的方法加以改进,另一方面应耐心解释,争取旅客的谅解。

8. 遇到意外事件的旅客

遇到意外事件可能是由两方面的原因造成:一是旅客原因造成的意外事件;二是旅客运输服务部门的原因造成的意外事件。对旅客运输服务部门造成的意外事件,如发生列车事故、遇到自然灾害等意外情况,会影响旅客正常旅行,甚至威胁旅行安全。这时,旅客焦虑不安,心情烦躁,希望运输部门尽快排除险情,恢复列车运行。客运服务人员应沉着、冷静,稳定旅客情绪,积极妥善处理。

**案例:设备故障,服务弥补**

2015年12月10日,宁波至南京站的G7584次列车到达绍兴北站前,列车员小王提前站在3号车厢门口立岗。不料列车停稳后,车门并没有像平常一样打开。"糟糕,可能是车门坏了。"小王心想。因为3号车没有旅客下车,小王赶忙去邻近车厢的车门处查看,其他车厢的车门都是正常打开的,小王的判断被验证了。小王立刻用对讲机将这一情况向列车长小陈做了汇报。列车长通知机械师过来查看后确认为车门故障。陈车长叮嘱小王,要提前组织好车门口乘降,做好对旅客的宣传解释和服务工作,弥补因设备故障给旅客带来的不便。3号车是商务车,小王用贴心细致的服务、周到的语言,把弥补工作做在前面。每到站前10分钟,小王便微笑着去征求下车旅客意见,"女士,是否需要帮助提拿行李?3号车门有故障,请从4号车门下车。""先生,真对不起,这边车门出现了故障,我带您从4号车厢门口下车吧。"虽然要比平时多费许多口舌,但小王让旅客感受到了他的真诚,旅客纷纷点头微笑,表示谅解。每次到站前,列车长积极与站方联系,说明情况。经站方有序组织,上车旅客都顺利地从4号车门上了车。旅客的疑惑也在列车员的笑脸中融化了。每次乘务工作,都有可能遇到这样或那样的突发事件,所以出乘前,一定要提前做好应急预案,遇到紧急情况,要快速、冷静地应对,将不利影响降至最低。

9. 临时患病的旅客

旅行中生急病或女旅客突然分娩,旅客本人身心痛苦、着急、忧虑,急盼工作人员帮助,这时客运服务人员要为之找医送药,妥善处置,有条件时允许在较大车站送医院处置。

10. 临时有急事的旅客

旅客临时有急事,表现心情沉重、忧虑、不安、慌乱,客运服务人员要认真观察,及时发现有急事的旅客,了解原因,体贴旅客的心情,帮助他们尽快解决存在的问题。

11. 在严寒、酷暑的天气下乘车的旅客

适宜的温度下乘车旅行,会减少旅行疲劳,使旅行轻松、愉快。严寒或酷暑都会增加旅客的生理和心理负担,尤其是长途乘车旅行的旅客。

在严寒环境下,旅客希望站、车有供暖系统,使站、车温度高一些,能够不在室外候车、检票,卧铺车厢有足够的防寒卧具。在酷暑环境下,希望站、车内有空气调节系统,如空调或风扇,降低站、车温度,提供充足的开水和洗脸用水,能够买到饮料以及其他防暑降温物品。

12. 遇到天气发生突然变化的旅客

旅客随身携带衣服少,乘车旅行中突然遇到变冷的天气,心里会后悔、不安。在发生暴风、暴雨、暴雪时,担心列车受阻,影响到旅行的顺利进行,到站后不能及时换乘其他交通工具继续旅行。客运服务人员要说明情况,进行安慰,排除旅客不安的心情。

13. 在昼夜不同时间下的旅客

在夜间,旅客希望安静,能够休息好而不被打扰;在清晨,希望有洗漱用水,吃好早点;午、晚餐及时供应;午餐后,能有时间休息。客运服务人员应根据旅客在昼夜不同时间下的要求,做好服务工作。

### 七、旅客心理特征和行为表现划分

从无限量的旅客旅行的个性心理中,根据旅客心理特征和行为表现,概括一些旅客旅行的个性心理,可总结归纳出以下几种心理。

1. 逆向心理

逆向心理是和旅客旅行共同的个性心理相反的心理现象。如有的老年旅客、妇女旅客特别爱动;有的长途、公出旅行旅客却偏愿坐硬座,不买卧铺票等。

2. 掩饰心理

有的旅客在旅行过程中,因受某种因素影响,掩饰自己真正的心理状态,总是以一种假象心理出现。如无票乘车,或持过期票乘车,害怕查票时被发现,但又故作镇静;已经携带"三品"上车,在乘警检查旅客携带品时,故意喜笑颜开,大谈检查"三品"的必要性。有些客运服务人员心细,警惕性高,察言观色,能专门识破这种假象。

3. 将就心理

有的旅客出门旅行怕惹是生非,只求平安到达就行。没有座位就站着;旅途喝不到开水就渴着;问事不理睬时,虽有不满心情,但不发怨言。客运服务人员应从旅客的将就心理中,找出自己工作的不足,改进服务质量。

4. 取巧和侥幸心理

少数旅客为省几个钱,或为个人方便,明知违反政策、违背规定的事,也照办或照做,有一种等到被发现、被制止时再说的思想。如不买车票、携带品超重、站内任意穿越、明知为"三品"仍然带上车等。客运服务人员应以高度认真负责的精神,识破这种现象。

5. 恐惧心理

少数旅客有意识地违反国家政策、法令和铁路规定,如携带违禁品上车,刑事罪犯伪装成正常旅客乘车潜逃等。这类旅客在车上躲躲闪闪,精神紧张,从表情中可以反映出他们的恐惧心理。客运服务人员应密切监视他们的动态,果断、机智处理。

6. 忧郁心理

有的旅客因种种原因,如疾病、负债、出门找工作心中没有底、探亲又不知亲友的具体地址等,在旅行中表现出沉默不语、愁眉苦脸、双目发呆的状态。发现这样的旅客,客运服务人员应主动关心、询问,尽力帮助解决。

7. 自卑心理

有的旅客初次出门,情况不熟;有的旅客在生理上有缺陷,造成自卑心理,遇到问题不好意思开口,不敢问。客运服务人员应向他们主动、热情地服务。

8. 急切心理

有的旅客因有急事要办,如探望患重病的亲友,需要赶乘其他交通工具等,急盼到达目的地,一旦火车晚点,就更加心急火燎,心慌意乱。发现有急切心情的旅客,服务人员要多加安慰,主动帮助他们安排好旅行事宜。

9. 好奇心理

不常出门的旅客,特别是青少年,好奇心强,喜欢串车、下车、东问西问等;当列车行驶在沿线风景独特的地区时,一些旅客感到新鲜,常会东张西望。对这些旅客,客运服务人员应多向他们介绍相关情况,稳定和满足他们的好奇心理需求。

10. 兴奋心理

有的旅客因有喜事,或在旅途中碰到高兴的事,表现得兴高采烈、情绪高昂。客运服务人员对于过分兴奋的旅客,应婉言相劝,适当节制,以免其由于兴奋过度而发生意外。

11. 其他

旅客的个性心理是多种多样的。除上述心理外,还有波动心理、强求心理、自尊心理、犹豫心理、喜悦心理、愤怒心理等,不再一一评述。客运服务人员应在实际工作中细心探索,多加掌握,尽力去满足旅客的心理要求,实现文明服务、礼貌待客。

## 第四节 服务期望

### 一、期望的含义与类型

1. 旅客期望的含义

旅客期望是指旅客对某一产品或服务提供商能够为自己解决问题或提供解决问题的方案方法能力大小的预期。这种预期是旅客在参与服务体验之前就已经形成的一种意识形态，它具有很强的可引导性。虽然旅客期望是一种意识形态，但其实质却离不开产品或服务本身这一核心。因此，如果能够围绕产品或服务这一核心，对旅客的行为、意见及特殊需求进行周密的观测及调查，旅客的期望是能够被测量的。

旅客一般通过多种渠道（如过去的经验、企业宣传、口碑等）获得服务的信息后，对服务企业及其提供的服务形成一种内在的"标准"，进而就会对服务企业及其服务形成期望。

旅客期望具有双重性质，一方面它是吸引旅客消费的动力，另一方面它又为企业的服务建立了评价旅客满意与否的标准。

2. 服务期望的类别

旅客对于服务的期望可以分为两种，一种被服务专家称为意欲的服务（理想服务），另一种被称为适当的服务。意欲的服务是指旅客希望得到的服务水平，是旅客可能认为可以或会有的水平。例如，当一位乘坐高铁的旅客要求列车乘务员介绍餐饮时，该旅客意欲的服务可能会希望列车能提供价格实惠质量上乘的餐品。适当的服务是指旅客可以接受的服务水平。一位旅客很可能将一份虽然味道较差但能填饱肚子的餐品视作为适当的服务。

旅客对不同服务持的服务期望不同，旅客对列车的餐车服务（具有较少的服务人员与旅客之比）和大饭店（具有较多的服务人员与旅客之比）有着很大的不同。

旅客承认并愿意接受该差异的范围叫作容忍区域。如果低于适当服务水平，旅客会感到挫折，对公司的满意度降低；如果高于理想服务水平，旅客会感到吃惊。你可以认为容忍区域是一个范围或窗口，在这里旅客并不特别注意服务绩效，但在区域外，该项服务就以积极或消极的方式引起了顾客的注意。

（1）不同的旅客有不同的容忍区域

合理服务范围内的另一个变化因素是不同的旅客具有不同的容忍区域。一些旅客的容忍区域较窄，使得服务商提供服务的范围也较窄，而其他旅客可能允许一项宽松范围的服务。单个旅客的容忍区域扩大或缩小依赖于许多因素，包括公司控制的因素，例如价格。

（2）不同的服务维度导致不同的容忍区域

旅客的容忍区域也因服务特征或维度的不同而不同。因素越重要，容忍区域有可能越窄。一般来说，旅客对不信赖服务（破灭的承诺或服务的出错）比其他服务失误有更少的容忍性，这意味着，他们对该因素有更高的期望。与不甚重要的因素相比，旅客有可能更不放松对重要因素的期望，使最重要服务维度的容忍区域缩小，理想服务和适当服务的水平提高。

（3）初次服务和服务补救使容忍区域不同

单个旅客容忍区域的变化更多是因为适当服务水平的改变，这种变化由于环境的影响而上下波动，而理想服务水平受经验积累的影响逐渐向上移动。与适当服务相比，理想服务相对更个人化和稳定,它上下移动并对竞争和其他因素做出回应。容忍区域的波动可以比作手风琴的演奏,大部分旋转来自一面(适当服务水平)而不是另一面(理想服务水平)。

总之,旅客有两个不同水平的期望:理想服务和适当服务。理想服务的水平比适当服务的水平稳定,容忍区域介于这两者之间。容忍区域随旅客的不同而不同,即使对同一旅客,容忍区域也可以扩大或缩小。

## 二、旅客的期望层次理论

1984年,日本质量管理专家卡诺(Noritaki Kano)提出了三种类型的旅客期望:基本型期望、期望和兴奋型期望。三种不同期望的满足与否导致旅客不同的满意效果,他提出的学说被称之为卡诺模型(图4-1),该模型的提出为旅客期望的研究奠定了基础。

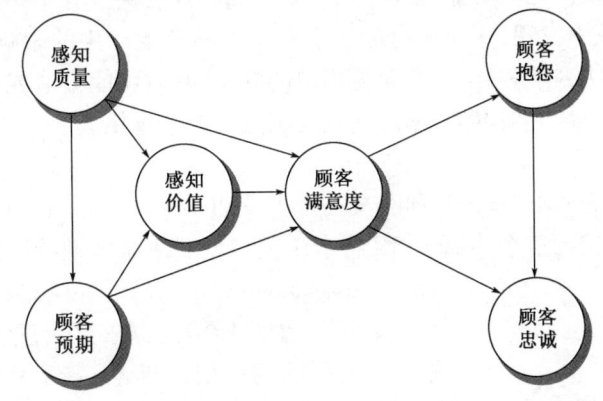

图 4-1　卡诺模型

1. 卡诺模型

消费者的满意度取决于他们对企业所提供的产品和服务的事前期待与实际(感知)效果之间的比较后,用户形成的开心或失望的感觉。就是说,如果用户在实际消费中的实际效果与事前期待相符合,则感到满意;超过事前期待,则很满意;未能达到事前期待,则不满意或很不满意。实际效果与事前期待差距越大,不满意的程度也就越大,反之亦然。所以,旅客满意度也就是旅客对所购产品的事前期待与实际评价的关系。而超越旅客满意,提供旅客所没有想到的服务和产品,给旅客以惊喜,也成为当代企业经营的重要思路。

旅客购后的满意程度,决定了其是否会重复购买这种产品和服务,决定他今后对这种产品和服务的态度,并且还会影响到其他消费者。西方企业界有句谚语:"最好的广告是满意的旅客。"失望的旅客不但永远不会再买这种产品和服务,而且还会到处进行反面宣传,使原已准备购买的人也止步不前。而与此相反,高度的满意和愉快,不仅能使旅客形成消费偏好,培养出旅客的高度忠诚感,而且忠诚旅客会成为"传道者",努力向其他人推荐企业的服务,并愿意为其所接受的服务支付较高的价格(溢价)。可以说,忠诚旅客是企业竞争力重要的决定因素,更是企业获得长期利润最重要的源泉。越来越多的公司正在致力于提高旅客满意度,旅客满意既是企业的目标,也是促进企业发展的工具。

2. 双因素理论

满意度的二维模式是从赫茨伯格(Frederick Irving Herzberg,1959)的双因素理论发展而来的。赫茨伯格的理论认为,满意和不满意并非共存于单一的连续体中,而是截然分开的;

该理论通过考查一群会计师和工程师的员工满意度与生产效率的关系,发现日常工作中员工的满意度分为两种,一种是激励因素,另一种是保健因素。激励因素表示工作本身带来的成就、认可和责任;保健因素指公司政策和管理、技术监督、薪水、工作条件以及人际关系等。当具备激励因素时会增加员工的满意度,但是当缺乏时,不会不满意;而当具备保健因素时不会提高员工的满意度,但是当缺乏时,则会造成不满。

3. 二维模式

在日常满意度应用中,都认为满意度是一维的,即某个产品(页面),提供更多功能、服务时用户就会感到满意;相反,当功能、服务不充足时,用户会感到不满。因此,我们可能会不断地在产品(页面)中添加新功能,通过这种方式提升用户的满意度。但是事实上我们会发现,并不是所有新增或优化的功能,都能提升用户的满意度,甚至有一些还会损害用户体验。

满意度理论研究中发现,并非所有的因素对用户满意度产生的影响都是一维的。二维模式认为,当提供某些因素时,未必会获得用户的满意,有时可能会造成不满意,有时提供或不提供某些因素,用户认为根本无差异,这就是满意度的二维模式。

4. 旅客期望层次

亚瑟·特纳(Arthur R. Tenner)和欧文·德多罗(Irving J. Detoro)于1992年在著作《全面质量管理:持续改进的三个步骤》中又将卡诺模型发展成旅客期望层次(the levels of customer expectation to service)。在卡诺和亚瑟·特纳等人的研究基础上,受马斯洛的需求层次理论的启发,综合提出旅客对服务的期望层次理论,基于从低到高分成三个层次,如图4-2所示。

(1)基本期望

基本期望是指旅客认为服务组织至少应该提供的服务功能,又可以称为是理所当然的服务质量特性。服务组织提供了这些服务功能后,旅客也不会感到特别满意;但若服务组织没有提供这些功能的服务,旅客马上就会感到很不满意。例如,在高铁列车服务中,车厢内的清洁服务就属于这一类功能,车厢被清洁了,旅客也不会特别在意,而如果车厢没有被打扫干净,有的旅客马上就会不满意。

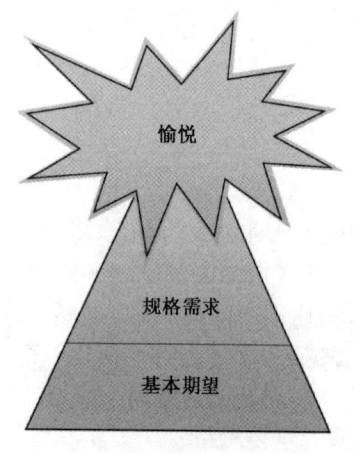

图4-2 旅客对服务的期望层次

(2)价格关联期望

这种期望高低和旅客消费支出档次的高低相关联,旅客支出的越多,其期望越高;反之,在所提供的服务中实现价格关联期望越多,旅客的满意程度就越高。例如,对于乘坐高铁出行,旅客可以选择几十元的二等车厢,也可选择票价为二三百元一张的商务座,当旅客购买商务座的票时,他的价格关联期望可能是座椅舒适、空间宽敞,并能享用高品质的多媒体视听设施和茶饮等。乘坐商务座时,自然要求更好的服务(即旅客对服务的期望较高),当旅客进入车厢,乘务人员未使用礼貌用语"您好、您请"等时,他就会感到不满。

(3)超值满足期望

超值满足期望指旅客希望得到额外收获、额外满足的要求。旅客通常表达不出这种期望,但乐于接受超过他们预期的服务,并在接受到这种服务时往往流露出欣喜的表现。即,如果服务没有提供满足这类期望的服务,旅客不会感到不满意,但一旦提供了满足旅客这类期望的服务,旅客往往就会格外地满意,甚至喜形于色,称之为提供了具有魅力的服务质量。旅客的超值满足期望得到满足,哪怕只是多提供了一点点使旅客意想不到的服务和优惠,就会导致旅客满意程度的明显提升。例如,餐车里的旅客在结束就餐后,服务员送上一份旅客并没有订的水果,会给旅客带来一份欣喜,从而令旅客满意。但是,都采用这种服务时会导致旅客满意的功效下降,而不提供这种服务,旅客就会索取或导致旅客不满。

### 三、服务期望的影响因素

服务期望由许多不可控因素组成,这些因素包括旅客从其他公司及其广告中得到的经验,以及旅客在服务传递时的心理状态。严格来讲,旅客的期望随其教育程度、价值观、经历的不同而不同,具体表现在以下几个方面:

1. 暂时服务强化因素

暂时服务强化因素是暂时性的,通常是短期的、个人的因素,这些因素使旅客更加意识到自身对服务的需要。迫切需要服务时的个人紧急情况会提高适当服务期望的水平,尤其在认为所需要的是可以接受的反应水平时。与初始服务有关的问题也能导致更高的期望。第一次正确实施服务是十分重要的,因为旅客认为服务的可靠性比其他维度重要。假如在补救阶段服务失误了,在第二次正确地交付服务甚至比第一次更加关键。

2. 可感知的服务替代物

可感知的服务替代物是旅客可以获得服务的其他服务提供商。假如旅客有许多服务提供商可供选择,或者他们自己可以提供服务,其适当服务水平就比那些相信在别的地方不能得到更好服务的旅客要高。

服务营销人员要充分理解旅客可选择的替代物。

3. 自我感知的服务角色

自我感知的服务角色是旅客对所接受的服务水平施加影响的感知程度。换句话说,旅客的期望是部分地通过他们认为自己在服务接触中对服务角色表现的好坏形成的。

旅客的任务之一是说明期望的服务水平。旅客确定其角色的最后方式是,当服务差时,其有进行投诉的责任。一位抱怨、不满意的旅客比一位不言不语的旅客有更少的容忍性。当旅客感到他们没有履行自己的角色时,其容忍区域会扩大。另一方面,当旅客认识到他们在服务传递中的作用时,会提高对适当服务的期待。

4. 环境因素

适当服务水平也受环境因素的影响,环境因素即旅客认为在服务交付时不由服务提供商所控制的条件。例如个人紧急事件,如发生交通事故将有可能加强旅客对保险公司的服务期望,而同时影响许多人的巨大灾难(如风暴或地震)可能会降低服务期望。一般说来,环境因素暂时降低了适当服务的水平,扩宽了容忍区域。

5. 预测服务

即旅客相信他们有可能得到的服务水平。这种服务期望可以看作是旅客对即将进行的交易或交换中可能发生事件的预测。预测服务绩效表明了对服务活动可能性的一些客观考虑或预期的服务绩效水平的客观估计。如果旅客预测服务好,他们的适当服务水平要求就有可能比其预测服务差时高。因为预测是关于个人服务接触的,所以有可能比旅客适当服务或理想服务的期望更具体和独特。例如,你对下一次坐火车时要等候的时间长短的预测服务期望,很可能依据这一次的等候时间来确定的。

**四、理想服务和预测服务期望的来源**

当顾客有意购买服务时,他们有可能从几个不同的来源搜寻或取得信息。例如,通过向客服打电话、向朋友询问或认真查阅报纸广告来搜寻最低价位的服务,也可能通过电视或移动网络关于良好服务的评论来获得信息。除了积极、主动地从外部收集信息外,顾客可以通过回顾记忆中的服务信息来进行内部收集。一般来讲,影响理想服务和预测服务期望的因素包括:明确的外部承诺、含蓄的服务承诺、口头交流、过去的经历等。

1. 明确的服务承诺

明确的服务承诺是组织传递给顾客的关于服务的个人和非个人说明。当这些说明由销售、服务或维修人员传递时,它是个人性质的;当该说明来自广告、小册子和其他出版物时,它是非个人性质的。明确的服务承诺是完全由服务商控制的能影响期望的少数几个因素之一。

为了很好地管理顾客期望,保证现实与承诺相符,应该准确地承诺最终能实现的服务内容,这也是合乎逻辑和适当的。但是公司和代表他们的职员,经常故意过高承诺,或者在描述服务时,只表达他们最好的估计,从而无意中使承诺过高。除了过高承诺,公司和代理人往往不知道怎样做适当的承诺。因为服务一般是定制化的,因此不容易确定和重复,代理人可能不知道服务传递的时间或它的最终传递形式。

所有类型的明确的服务承诺对理想服务有直接的效应。一种特别不恰当的承诺是对顾客的商业需要提供"全面解决方案",而现在许多公司正在做这样的承诺,这种承诺是很难传递的。明确的服务承诺既影响理想服务水平又影响预测服务水平,它们大体上确定顾客理想服务的内容,确定与某一位服务商下一次服务接触或某一次服务接触中顾客预测将要发生的内容。

2. 含蓄的服务承诺

含蓄的服务承诺不是明确承诺,而是与服务有关的暗示。明确承诺可以使顾客推断出服务应该和将会是什么样的,这些品质依据都被与服务有关的价格和有形性所控制。一般来说,价格越高,有形性印象越深,顾客的服务期望就越高。

3. 口头交流

口头交流在决定服务期望方面的重要性已经有了很好的例证。这些由当事人而不是组织发表的个人及非个人的言论,向顾客传递服务将是什么样的信息,并且影响预测服务和理想服务。正如前面所讨论过的,口头交流被认为没有偏见,所以它是很重要的信息来源。在购买和直接体验之前难以评价的服务中,口头交流非常重要。专家、朋友和家庭都是影响理想服务水平和预测服务水平的口头交流的来源。

4. 过去的经历

即顾客过去的服务接触,是另一个影响预测服务水平和理想服务水平的因素。预测相关的服务可能是由公司以前主要的服务接触决定的。总的来说,过去的经历可能把以前的经历与目标品牌,以及最受喜欢品牌的典型绩效结合起来,与上一次所购品牌或畅销品牌结合起来,也与顾客认为代表一个相似典型品牌组的平均绩效结合起来。

### 五、旅客投诉心理和危机处理对策

旅客投诉是旅客保护自身合法权益的手段。正确处理客人的投诉是我们每一位旅客运输从业人员的职责之一。旅客是旅客运输活动中的主体,他们所买到的运输服务产品不同于我们日常购买的商品,有其特殊性,它不是作为实物存在的,而是作为一种心理体验保存在记忆中,让消费者只体验到"曾经拥有",其生产和销售是同时进行的。由于旅客空间跨度大,时间长,而且大多数情况是处于陌生环境中,有些不愿意看见或始料不及的事件难免发生,如果旅客有挫折感,就会产生购买后的抱怨的心理,有的旅客当时或返回后,还可能进行投诉活动。作为客运企业管理者应该预计到有可能使旅客产生抱怨和投诉的心理原因,及时采取具体有效的对策,防患于未然,维护企业的声誉。

1. 妥善处理旅客投诉的重要性

旅客投诉为企业提供了一次改正错误、重新赢得旅客满意的机会,而认真对待旅客投诉,有助于从整体上提高企业服务旅客的能力,全面提高旅客满意度。

对客运企业来说,了解旅客的投诉心理、妥善处理旅客的投诉至关重要。首先能发现工作的疏漏和不足。客运企业理应向旅客提供优质服务,但难免由于设备设施故障,服务项目不尽人意,个别工作人员技能或态度差等自身原因被旅客投诉。投诉固然反映了旅客的不满,但也反映了客运企业工作上的不足,企业应将其看成是了解服务和管理不足的机会,有针对性地采取改进措施。其次能提高企业的美誉度。妥善地处理旅客投诉,会改善公众对企业的印象,认为企业是认真贯彻"旅客是上帝"的服务宗旨,从而加深旅客和企业之间的感情,增进后续行为的发生。最后能避免企业发生危机。旅客的投诉,往往有一个从小到大,从息事宁人到忍无可忍的发展过程。客运企业对投诉的态度和处理方法从中起到减缓或加剧发展的作用。如果对投诉不重视,有的投诉者就会扩大事态,私下行动或外部攻击,受损的首先是企业自己。因此,客运企业应重视对旅客投诉的管理,采取措施,有效解决旅客问题并注重从旅客投诉中学习。

2. 旅客投诉的原因

客人的投诉是指旅客将他们主观上认为由于服务工作上的差错而引起的麻烦和烦恼,或者损害了他们的利益等情况向服务人员提出或者向有关部门的反映。

旅客从购票、候车、进站、乘车旅行全过程中,如果得不到客运企业满意的服务,必然产生不满情绪。如工作人员对旅客的询问不理会或回答语气不耐烦、候乘环境卫生差、购票时间长等,都会造成旅客的不满,产生旅客投诉。

另外,旅客在旅行过程中有可能遭遇不可抗拒的自然力量,造成亲友伤亡和自己受伤,或者在旅行活动中旅客预期得到的物质享受和应当得到的生理需求不能被满足,缺乏安全感,得不到应有的尊重,或者由于文化及风俗差异造成与他人冲突等都会引起旅客的投诉。

引起旅客投诉的常见原因还有以下几个方面:

(1) 列车(汽车)晚点始发或晚点到达

因突发情况或特殊原因,临时导致发车时间调整或是换车,个别乘客就不能够理解,也会投诉抱怨。

(2) 认为没有提供与价值相符的旅行服务,包括服务态度

由于客运服务人员的素质不高,说话没有修养、粗俗,冲撞乘客甚至羞辱乘客,不尊重乘

客,或缺乏沟通技巧,不能快速有效地解决乘客的疑问等问题时有发生。乘客如果受到客运服务人员的轻慢就会反感、恼火并可能直接导致投诉。

长期以来,服务态度是乘客投诉的直接或间接原因。大部分投诉是由于客运服务人员缺乏主观能动性,对乘客缺乏热情,照章办事,回答问题冷漠、简单等。例如,不注意规范自己的言行,说话随意、不分轻重,很容易让乘客产生误解。所有这些都是不尊重乘客的表现,都会引起乘客的反感,甚至发生冲突,从而导致乘客投诉。

(3) 乘客自身行为违规

乘客不了解一般服务项目的规章制度,对有些规定有误解,如高速行车系安全带,车厢内不许吸烟,不能携带大件物品上车等。有些乘客为了自己的方便,违反相关规定,但又不接受驾驶员的规劝,从而发生矛盾,心理失衡,希望通过投诉改变这种制度或规定,或者得到一定程度的心理补偿。

(4) 其他乘客原因

车厢内的其他乘客的一些违规行为,引起乘客的不满,求助于驾驶员解决问题。如,其他乘客在车厢内抽烟、大声喧哗、乱坐座位等,也会导致乘客投诉。

(5) 硬件设施原因

舒适心理是乘客在乘车过程中普遍的心理需求。车内的配套设施设备如果无法保障乘客的舒适性,如空调故障导致太冷或太热、噪声太大、座位功能故障、车厢环境不卫生等,也会导致乘客的不满和投诉。

(6) 认为故意或过失造成投诉者行李物品损坏或丢失

(7) 认为故意或过失造成投诉者人身伤害

因地滑摔倒受伤的、被开水烫伤的、因车辆制动造成冲击摔倒撞伤的等等。

(8) 认为欺诈投诉者,损害投诉者利益

(9) 其他损害投诉者利益

如旅客运输单位职工私自收取回扣和索要小费等。

3. 旅客投诉心理

旅客满意是旅客对运输企业所提供的运输服务的一种心理感知状态。旅客在选择某种客运服务之前,往往会基于一些因素而对该客运企业服务形成一定的期望。当旅客选择了该运输服务后,旅客必将其实际感受与期望相比较,如果实际感受与期望相匹配,旅客就会满意;低于期望,旅客就会不满意;超过期望,旅客就会很满意。

(1) 求尊重的心理

旅客是上帝,上帝永远都是对的。在整个旅游过程当中,旅游者对自己的"上帝"角色的认知十分清楚,求尊重的心理需求也十分明显。美国心理学家亚伯拉罕·马斯洛(Abraham Harold Maslow)于1943年提出了著名的需要层次理论,他认为整个人类有百分之四十的人有受尊重的需要,除了表现在自己得到重视和赏识之外,还包括取得自信和处于支配地位。人们出门旅行,很可能由多种动机引起,但其中之一很可能是为了满足受人尊重的需要的驱使。因此,当旅客感到自己不如愿,采取投诉行动时,这种心理更是突出。他们希望客运从业人员顺着他,认为他的投诉永远是对的和有道理的,认为自己这样做是应该的,渴望得到同情、尊重,愿意看到当事的工作人员当面向他表示道歉并立即采取相应的行动。

(2) 求宣泄的心理

美国心理学家亚当斯(S. Adams)提出了著名的挫折理论,他认为挫折是个人在某种动机推动下所要达到的目标行为受到无法克服的障碍时,产生的紧张状态与情绪反应。当旅客受到挫折后,有的人采取减轻挫折和满足需要的积极态度,有的人采取消极对抗的态度,采取一系列的行动来发泄其不满。最主要的一个渠道就是投诉,投诉者总是觉得自己理由充足,投诉时往往情绪激动,满腔怒火,他们会利用投诉的机会把自己的烦恼、怒气和怨气发泄出来,把直接被触发或意识深层的挫折感和郁闷的心情一扫而光,使其不平静的心情逐渐平静下来,同时也利于弄清事情的缘由,以维持其心理上的平衡。

(3) 求补偿的心理

有的旅客认为自己花费了钱财和时间,就应该获得至高的待遇,客运从业人员应处处为他们着想,旅行前的承诺应与实际相符,否则旅客会进行投诉。例如,旅客在旅行活动当中觉得价格不合理、不公道,如车厢的环境和设施、饮食、商品及服务等质量不好,收费过高,新增收费项目等,旅客会进行投诉。财物受损失或身体、精神受到伤害,旅客会直接向客运企业索赔或者诉诸新闻媒体采取法律上的诉讼要求赔偿,弥补损失,取得新的心理平衡。

(4) 性格的差异

不同类型的旅客对待"不满意"的态度不尽相同,理智型的旅客遇到不满意的事时,不吵不闹,但会据理力争,寸步不让;急躁型的旅客遇到不满意的事必然大吵大闹;忧郁型的旅客遇到不顺心的事时,自认倒霉,无声离去,但永远不会再来。

(5) 文化背景的影响

在不同的文化背景下,人们的思维方式、做事风格也有不同,因此旅客投诉行为也存在差异。在集体主义文化中,人们的行为遵从社会规范,追求集体成员间的和谐,对事物的态度取决于是否使个人获得归属感,是否符合社会规范,能否保持社会和谐。因此,当他们遇到不满意的事情时,更倾向于在私下抱怨。而在个人主义文化中,人们追求独立和自足,喜欢通过表现自己的与众不同,表达自己的内心感受,来实现自我尊重。因此,当他们遇到不满意的事情时,更倾向于投诉。

(6) 服务的可替代性

当旅客有多种方式或服务选择的时候,他们在遇到不满的时候更倾向于转向其他服务而不是投诉。而在不满却又没有其他选择的情况下,旅客的不满就更容易转化为投诉。

(7) 其他环境因素

一个国家或地区的生活水平和市场体系的有效性、政府管制、消费者援助等都会影响旅客的投诉行为。如在消费者权益维护机制非常健全的情况下,旅客可能更多的会转向消费服务的投诉,倾向于向权威机构或监管部门投诉而不是直接向企业投诉。

4. 正确处理旅客投诉的对策

(1) 加强企业文化建设

①围绕"以旅客满意为中心"构建企业文化。企业决策机构及管理部门应加强企业文化的建设,经营理念及企业价值取向要紧跟时代的发展步伐,由过去的"唯我至上"转化为坚持"服务至上"和"以旅客满意为中心",建设优质服务,坚持"以旅客满意为中心"这一客运企业建设的理念。企业服务文化建设只有真正落到实处,才能在企业中形成浓厚的服务文化

氛围。有了浓烈的服务文化积淀,才能使企业服务文化深入全体员工心灵,指导员工行为,提升员工服务素质,才能为"旅客满意"构建牢固的基础。

②加强职工业务技能培训,提高服务质量。通过举办各种业务和服务技能培训班,提高职工业务能力和服务技巧;开展各项劳动竞赛,激励各种优质服务人才,带动全体员工提升服务质量。

③制定科学严谨的作业标准。事事有标准,严格落实标准化和规范化服务,减少随意性,进而减少旅客投诉的发生。

(2) 鼓励旅客投诉

有关研究表明,不满意的旅客中,只有少数(5%)会向企业投诉,多数(95%)旅客则会停止购买,转向其他供应商。妨碍旅客投诉的原因是多方面的:投诉成本过高(包括时间、精力等),不知道如何投诉,不清楚企业提供的产品或服务应达到什么标准等。企业要改进服务质量,赢得旅客青睐应采取相应的措施,鼓励旅客投诉。

(3) 为旅客投诉提供方便

①降低投诉成本。企业应尽可能降低旅客投诉的成本,减少其用在投诉上的时间、精力、货币与心理成本,使旅客的投诉变得容易、便捷。例如,在车站(候车室或售票厅)设置旅客投诉点(中心),能够让旅客在第一时间就能发现投诉的场所,方便旅客投诉。

②实行首诉制。授权现场每一名职工,对所遇到的每一名投诉旅客都有职责处理好旅客的要求,直至旅客满意为止。

(4) 及时有效处理投诉

发生旅客投诉后,应迅速积极处理旅客投诉,尽最大可能让旅客满意。研究表明,企业如果能当场为旅客解决问题,大多数(95%)的旅客以后还会再次选择该客运企业;如果事后再解决,处理好则会有70%的旅客再次选择该客运企业;若企业对旅客的投诉问题的反应时间超过四周或更长,旅客的满意程度会降低一半以上。因此,迅速、及时处理旅客投诉往往更能赢得旅客。对旅客投诉的处理,一般要经过以下几个过程:

①耐心倾听,弄清真相。旅客投诉时,总是觉得理由充足,心中往往充满了怒火,可能情绪激动、言语粗鲁、态度不好、举止无礼。接待人员不要计较投诉者语气的轻重和意见是否合理,应保持冷静的态度,微笑服务,不要打断对方的讲话,不要反驳投诉者的意见,不要与他争辩,要热情友好,给投诉者留下美好的第一印象。对于一些不合理的投诉也应做到有礼有节,集中精力倾听对方的意见,让投诉者"降温",自由发泄他们受压抑的情感,直到恢复理智的状态。另外,接待投诉的办公室应设在环境安静幽雅的非办公场所,投诉者在这里可获得受尊重的感受,单独听取旅客的投诉,私下的交谈更容易使人趋于平静。

②以诚恳的态度向客人道歉。客人进行投诉,接待人员应设身处地地为他们着想,对投诉者的感受要表示理解,不应该对旅客的投诉抱着大事化小,小事化了的态度,用适当的言语给投诉者以安慰。比如用"这件事发生在你身上,我感到十分抱歉"诸如此类的语言诚恳地向客人道歉。常言道"良言一句三冬暖,恶语伤人六月寒",客运工作人员的言语会影响旅客的心理和行为。在旅客投诉中,遇到旅客诘难时,即使不同意客人的意见或不能满足客人的要求,也不要急于否定,人都喜欢听顺耳的话,所以要投其所好,先坚持自己的原则,然后加以解释。美国推销培训专家汤姆·霍普金斯告诫销售人员:"绝对不要同顾客争论,如果

发生争论,推销员多半会在争论中获胜,但失去了做生意的机会。"也就是说,你在逻辑斗争中得到了胜利,在感情战线上却遭到了失败,导致客户的流失,代价很大。另外,在交谈过程中,应该用尊称和姓名来称呼投诉者,在感情和心理上与投诉者保持一致。接待投诉者的工作人员应以自己一系列的实际行动和真诚亲切的言语,使投诉者感到有关部门及工作人员是尊重和同情旅客的,是站在投诉者立场上真心实意处理投诉的,从而把不满的情绪转化为感谢的心情。这是解决旅客投诉最积极有效的方法。

③果断地解决问题。接待人员在听取投诉的过程中,要把投诉的要点记录下来,这样不但可以使投诉者讲话的速度放慢,缓和旅客的情绪,还可以使旅客确信客运企业相关部门对他反映的问题是重视的。然后以此为依据,区别不同情况,做出恰当的处理。

首先,对一些看来明显是服务工作的过错,是企业自己能够解决的问题,应立即向投诉者致歉赔礼,迅速回复投诉者处理意见,并在征得旅客同意后做出补偿性的处理。其次,对一些较复杂的问题,在确认真相之前,千万不可轻率地向投诉者做出不切实际的许诺,这是解决问题最关键的一环。如果所采取的行动与对投诉者的许诺不一致的话,那么客运企业将面临两个新出现的问题:一是就原来的问题投诉者第二次提出投诉,二是对客运企业工作人员的低效率表示失望。因此应当有礼有节,在客人同意的基础上处理。最后,对待一时不能处理的事情,要注意让投诉者知道事情的进展情况,以示我们的重视,在执行的过程当中如发生意外情况,应及时反馈给投诉者,避免误会而使事态扩大。

(5)旅客投诉的利用

旅客投诉发生后,对事件进行处理并不是事情的结束,更重要的是要对投诉进行分析,制定今后的防范措施,以便企业更好地发展。

①建立旅客投诉表制度。对旅客投诉问题进行记录和分析,以便于组织学习。旅客投诉表是由企业设置专门的部门和人员根据旅客投诉问题的业务领域进行分类,每大类下再进行细分,确保旅客投诉信息在运输企业内部的流动和传递,提高企业对旅客投诉信息的利用效率。

②完善投诉信息的分析和利用。投诉信息的分析和利用不仅有利于投诉个案的解决,从长远看,还有助于建立和完善提升旅客满意度的运营系统,促进企业实现以旅客为导向的经营方式。此外,投诉信息的分析还具有预警系统的角色,它能够比传统的市场调研更快速、更低成本地反映企业存在的问题及其趋势,对多次出现投诉的工作环节进行重点改进。根据木桶理论,提高"短板"的服务水平是提升整体工作质量的最有效途径,而旅客经常投诉或抱怨的环节正是管理上薄弱的"短板"环节。

③不断整合创新,提高企业形象。运输企业应立足长远利益,总结旅客投诉资料。整合内部资源,进行业务流程再造,在战略、观念、技术、制度、人才、服务和管理等方面进行全面创新,与旅客建立一种互相依赖、长期稳定、利益共享、风险共担的战略联盟伙伴关系。在旅客和社会公众中树立、维持和提升企业形象,把事情永远在旅客抱怨或投诉以前处理好。

5. 案例

客运部门作为与人打交道的服务行业,出现投诉在所难免。作为工作人员应该理性面对,如果是工作不到位,自然是要接受批评,加以改进;如果并非自身的原因,做好宣传解释工作也是应该的。下列案例希望同学们能结合所学的理论知识和技能进行认真分析,思考应如何正确应对。

**案例一:旅客随身物品的损坏赔偿责任**

一、案例描述

2015年元月,旅客张先生夫妇乘坐高铁从北京去往上海。在途中,张夫人向乘务员要了一杯咖啡。但当乘务员将咖啡端到张夫人面前时,发现张先生夫妇二人均已睡着,且张夫人将其黑色貂绒大衣盖在身上以保暖。在旅客不知情的情况下,该乘务员仍将热咖啡摆放到小桌板上。当张夫人醒来时,一不小心将咖啡打翻在其貂绒大衣上。事后得知,该貂绒大衣非常昂贵,目前市场价值在2万元以上。事发后,张先生立即打电话投诉,并提出如无法恢复到原样,就要求赔偿。

二、问题思考

①上述旅客随身携带行李或物品受到损伤,乘务员应如何处理?单位是否应承担相应责任?

②在列车运行途中,旅客裤子不慎被座椅边缘突出的铁片钩破,旅客称该裤子为套装裤子,在日本购买,价格在1000元左右,旅客要求公司处理此事件。

在运输期间,由于车厢设施的缺损,导致旅客裤子被钩破,故公司应承担相应赔偿责任。对于具体赔偿金额,应在咨询专业机构后确定。

三、处理要点

①乘务员需配合投诉处理部门做好事件情况的如实记录,重点是细节的描述,协助投诉处理部门明确责任。

②如公司对旅客随身携带行李和物品损坏承担责任,应在第一时间积极安抚旅客心情,并根据随身物品受损情况采取相应措施进行弥补,使旅客受损的随身物品恢复原样;在无法弥补的情况下,应根据受损物品的购买价格、折旧情况等要素,与旅客协商较合理的补偿金额。

四、友情提示

①皮毛衣服被液体溅到,应在最短时间内拎起衣领,上下左右抖动皮毛衣服,并用清水浸湿小毛巾,拧干后轻轻擦拭毛皮,防止液体渗入皮内,硬化皮质。

②如衣物被口香糖粘着,切忌不要硬拉,应将冰块放在口香糖上,使口香糖变硬后,便可轻易取下。

**案例二:旅客物品丢失和被盗**

一、案例描述

西安到郑州的G1914列车上,10号车厢6排B座的旅客小王从洗手间回到座位时发现自己放在小桌板上的平板电脑丢失。

二、事件处理

请两名同学分别担任列车长、乘务员的角色来模拟处理该事件。

乘务员和列车长请各自叙述在发生旅客物品丢失后的处置流程。

如乘客确认平板电脑是在乘车期间被盗,处置流程是否与上述一致,如不一致应如何处置?

**案例三:旅客索要留言簿**

一、案例描述

案例二中,旅客小王丢失平板电脑,列车长和车厢乘务员按规定帮助其寻找未果,小王不满,认为列车长和乘务员处理态度不积极,故向车厢乘务员索要留言簿。

二、事件处理

请两名同学分别担任列车长、乘务员的角色来模拟处理该事件。

**案例四:无人陪伴儿童**

一、案例描述

背景:北京南站试行无人陪伴儿童乘车。

2016年8月,某位乘坐动车的8岁无成人陪伴儿童在到达目的地南京后,因乘务员工作疏忽,导致儿童自行下车,未与接站人员进行正常交接,在没有工作人员陪同下,儿童自行走出车站,且该儿童的随身证件袋遗失在车厢内,内有户口簿和其父亲的驾驶证。旅客亲属要求铁路局处理此事件。

二、问题思考

上述案例造成旅客物品遗失,乘务员应如何处理?单位是否应承担相应责任?

三、事件处理

虽然该儿童非常顽皮,但因乘务员工作失职,导致其自行下车,且遗失贵重随身物品,故公司应承担相应赔偿责任。

乘务员应向旅客致歉,承认工作上的失误,询问儿童情况,并告知旅客失物暂时未找到的真实情况,争取延后处理时间;在取得旅客同意后,积极寻找失物,并亲自登门将失物和慰问礼品送到旅客手上,再次向旅客承诺今后将杜绝此类事件发生,以表示诚意。

**案例五:如何回应旅客提出的不合理要求(1)**

一、案例描述

旅客五人持一张车票和四张站台票要求进站候车。

①持票旅客行动不便。

②家长四人送孩子上学。

③因乘车人的行李物品过大,一人不易拿上车,需多人送行。

④无特殊原因,乘客坚持多人送站。

二、问题思考

对于上述各种情况应如何应对?

**案例六:如何回应旅客提出的不合理要求(2)**

一、案例描述

春运期间,旅客小刘要乘坐郑州开往上海的D308次列车回家,由于堵车,小刘到车站检票口时已经是晚上22:37,车票上发车时间为22:41。检票员告知其错过检票时间,小刘情绪很激动,强烈要求进站上车。

二、问题思考

对于上述情况应如何应对?是否能够放行让旅客进站台上车?

### 案例七:因旅客自身过错引起人身伤害的赔偿责任

一、案例描述

2014年7月31日广州到深圳G6141次列车上,乘务员在组织旅客上客过程中,有一旅客双手在梳理头发时,坐于其大腿上的23个月男孩因重心不稳摔倒在地上,头碰巧撞在座椅下的行李挡杆上,额头被划出2厘米的伤口,当场流血不止。

二、问题思考

发生上述事件,乘务员应如何处置?

### 案例八:旅客重号

一、案例描述

2015年7月31日广州到深圳G6141次列车上,两位旅客持票均为9号车厢的12C,两人争执无法就座,车厢内旅客较多造成过道拥挤,导致9号车厢多名旅客站在过道上。

二、问题思考

发生上述事件,乘务员应如何处置?

### 案例九:旅客要求免收费升级

一、案例描述

2015年7月31日广州到深圳G6141次列车上,二等座旅客向乘务员要求免费升为一等座。

①提出要求的旅客为普通旅客。

②提出要求的旅客为行动不便的残疾旅客,并有一名普通旅客陪伴。

二、问题思考

发生上述事件,乘务员应如何处置?

### 案例十:铁路车站服务纠纷

一、案例描述

2013年1月29日,乘客张女士去乘坐动车,通过安检时与安检员起口角,乘客掏出手机拍其工号,却被安检员拍落摔坏。

事情经过:

2013年1月29日清晨,张女士与丈夫赶到火车站,准备搭乘6:55开往福州的动车。这是她第一次坐动车。

6:20左右,两人来到检票口。张女士手里只拿着一个女式挎包,看到别人将行李、挎包放在滑动的安检履带上检查,她担心挎包被压坏,就问旁边一个年轻的女安检员能否直接把挎包带过安检关卡,但被告知"不行"。

张女士小声嘀咕着:"这么小的包包也要安检?我以前坐飞机也没见着这么麻烦。"女安检员直接顶了句:"那你坐飞机去啊。"张女士因女安检员口气很不好也来气了,就回了一句:"你这样的服务态度好像不太对吧?你工号是多少呢?"女安检员却说"我没工号",然后把脸转了过去。看到女安检员制服胸部位置有一排数字,张女士立即掏出手机拍摄,女安检员赶紧伸手遮挡,并顺势拍打了张女士的手,导致张女士的手机掉落在地上,电池等部件散落在地上,手机屏幕也摔裂了。张女士一气之下抬腿去踢安检员的小腿,推搡间,旁边几名安检员立即过来劝和。此时,正在火车站执勤的民警赶来,由于动车发车时刻已到,民警安抚张女士先上车,并表示将调查处理此事。

"我踢人是不对,但作为车站服务人员,这种服务态度实在太差劲了!"抵达福州后,张女士的气仍难消,并向当地媒体进行了投诉。

张女士没有配合安检,肯定是乘客不对。但或许她真的没坐过动车,不知道一个小挎包也要严格检查。服务窗口,矛盾多源于服务者摆臭脸,这样的情况屡见不鲜。假如,女安检员能面带笑容地多解释一句,相信张女士也不会火大,也不会拿手机拍摄工号,更不会发生手机摔坏的一幕。

二、问题思考

通过分析上述事件,有哪些经验教训可以吸取?

## 案例十一:车站售"错"票

一、案例描述

某日接邱女士的电话投诉,邱女士于当天8:35在售票窗购买了一张前往番禺的车票,当她到达站点后发现并不是自己想要到的站点。邱女士认为是车站售票员打错票,因售票员的失误耽误了其行程,邱女士感到非常不满,并致电车站客服投诉。车站客服接到投诉电话后第一时间稳定该旅客情绪,并承诺调查清楚,五个工作日内给邱女士一个答复。

反复调查后发现,售票员的确没有严格按照售票员操作规范出售车票。售票员解释说,当时旅客说要一张去番禺车站的票,售票员便直接将番禺客运站的车票售卖给旅客,售票员以为该旅客会知道番禺客运站和番禺市桥站是不同的两个站点。

二、原因分析

①售票员执行制度环节薄弱,没有严格按照售票员操作流程进行售票。售票员在出票之前应该询问清楚旅客需要前往的目的地。

②售票员凭个人的意愿、思想去"以为"旅客了解车站客运班车的详细信息。

三、投诉处理

①客服人员及时致电邱女士,向旅客做好解释工作和代表车站向邱女士道歉,并请其继续为车站监督指导。

②指出售票员的错误,加强服务监管工作,同时,加强服务管理人员的服务管理力度。

四、如何减少客运站的客运服务投诉

客运站是一个直接面向广大群众的服务性行业,服务质量直接关系旅客的切身利益,甚至会影响旅客的生命财产安全。在长期接待旅客的工作中难免会遇到旅客不满意的地方,但我们可以尽量减少甚至避免旅客的投诉。

①售票员在工作期间应该时刻保持热情、主动,热情问候旅客,主动询问旅客乘车目的地。

②售票过程当中要做到"一会、二清、三问、四唱、五快"。"一会"指会普通话和粤语;"二清"指车票日期、车次、时间、序号清,售票记录清;"三问"指问到站点、日期,问车型、时间,问购票张数;"四唱"指唱到站名、唱车型、票价、时间,唱购票张数,唱收唱付;"五快"指计算快、打票快、收找钱快、递票快、退机快。

就以这个案例分析,如果售票员在旅客购买车票时询问清楚旅客前往的目的地,在打印好车票后递给乘客时温馨提示该车票的到站地点及乘车日期等相关信息,同时提示旅客检查车票的信息是否正确,那么旅客就不会乘错车,也不会出现旅客投诉事件,进一步减少了售票员出错率和旅客投诉率。

③做好交票时的相关指引工作,递票前先用手做出礼貌的导乘指引"请到×号门验票上车",再递票给旅客,减少旅客乘错车的概率。

④优质服务是一个企业的生存基石,也是塑造客运站良好形象的需要。从案例中,可以看出部分售票员由于业务知识的不熟悉,操作环节薄弱,工作严谨性较低,致使整个售票服务过程出现严重漏洞。应加强工作人员的操作培训,对操作人员进行规范化、专业化、正规化的培训,本着"内练素质,外树形象"的原则,对员工的职业道德、业务知识、服务技能、普通话、礼仪等方面进行严格培训,引导和监管其在日常工作中严格执行岗位职责和操作规范,为客运服务打下夯实的基础,从根本上提高服务人员的自身素质,打造训练有素,标准规范的服务队伍。

⑤作为一个服务性行业,我们需要用心聆听旅客的需要,耐心解释存在的问题,积极处理善后工作。在日常工作中,我们往往就是在旅客反映问题的时候,因为一些小意见与旅客产生矛盾,旅客往往会抱怨站务员不尊重、不理解,不积极为他们解决问题。而事实上,站务员不是不处理,而是不知道怎样处理。因为,他们在与旅客沟通交流期间,未能认真耐心地倾听,没有听懂旅客真正的想法和要求,矛盾因此而激化。所以,应该学会善于倾听,用心倾听,找对解决矛盾的重点和目标。

当然,与旅客产生矛盾的原因还有因为个别工作人员没有危机感,办事敷衍拖拉,态度冷淡等。针对这部分工作人员,应该要重点加强他们的服务意识和市场意识,要让他们设身处地、换位思考,在思想上将被动服务转为主动服务,在旅客提出意见时,不回避问题,采取积极的态度处理问题。

⑥在服务过程中,有了服务规范和方法,还需要管理执行的人,他们在给旅客提供服务的过程中起着强调和约束作用。个别工作人员因为个人的某些习惯,随意性的服务屡见不鲜,而一些管理人员管理不严,对员工在工作过程中的"习惯""随意"睁一只眼闭一只眼,放松对员工的管理,对服务质量的降低起到推波助澜的作用。管理执行的人必须将这些"习惯""随意"摒除,严格按照规范和方法执行。

⑦另外,旅客投诉还有一个客观原因,即,候车场所服务不到位、服务基础设施不完善、环境卫生不尽人意等问题,造成服务上的先天不足,致使旅客对车站的满意度降低。美化服务环境、完善服务设备,为提高服务质量提供有效的保障。再者,配备先进的设备能进一步

提高工作人员的工作效率。

  在客运站里,旅客就是上帝,应该从满足旅客的需求入手,寻找有效途径,采取有力措施,对服务工作进行升级改造。各种运输方式的竞争日趋激烈,客运站不必仅限于为旅客提供客运服务,还可以通过提供多样的服务来满足旅客需求。客运站要站稳脚,就要为旅客提供一个安全、舒适、快捷、方便、经济的客运服务。

# 第五章　客运服务与管理人员的心理修养与行为

旅客运输服务工作是一项综合的系统工程。客运工作完成的好与坏，客运服务质量的高与低，一方面受站车设备的现代化水平、旅客运输管理方式和工作组织、社会状况和自然条件等多种因素的影响和制约；另一方面又受旅客运输服务部门服务人员的心理品质的影响和制约，而且这一因素是所有因素中最为关键和活跃的因素。无论是设备的使用，还是管理方法的制定，都需要客运服务人员去操作和实施，客运服务人员缺乏必要的修养，再先进的设备，再严密的计划，再科学的组织，也难以发挥其令人满意的效果。

第四章从旅客的角度，分析了旅客乘车旅行的共性和个性心理特征及需要，针对旅客的需要，旅客运输服务部门应采取哪些服务措施，以便满足旅客的需要。本章从客运服务人员和管理人员入手，分析和研究提高客运服务质量的途径。

## 第一节　客运服务人员的工作动机与抱负水平

需要产生动机，动机支配人的行为，通过行为实现目标。客运服务人员只有具备正确的工作动机、强烈的成效期待以及较高的抱负水平，才能激发和保持工作积极性，提高客运服务工作质量。

### 一、工作动机

在生活和工作中，动机代表着一个人的内在心理面貌，它在很大程度上决定着一个人的行动和性质。社会生活的多样性和复杂性，以及人的需要的差异性和多变性，使得人们在从事某种活动时，往往有好几个动机同时发生作用。在同时发生作用的动机中，有主导动机和次要动机、明显动机和隐蔽动机、暂时动机和长期动机等等。在旅客运输服务中，全心全意为人民服务，建设高度的社会主义精神文明，努力提高旅客运输服务工作的社会效益和经济效益，应该是一切客运服务人员普遍的、长期的工作动机。全心全意为人民服务的工作动机，在客运服务中直接表现为敬业精神，即在自己的本职工作岗位上所表现出的勤勤恳恳、任劳任怨、兢兢业业的工作精神。

1．工作动机的类型

具体到每一个客运服务人员，其具体工作动机的表现很复杂。从实际情况来看，除了人们不同程度地具有为他人服务的动机外，还有一些从属的动机。例如，为了自身和家庭的生存、发展和享受，必须通过工作而获得收入；为谋求稳定、轻松、舒适的工作环境而选择了客运职业；对客运工作具有浓厚的兴趣；为了获得他人（上级、同事等）的表扬和尊重；为了争取提升、晋级或表扬，也包括免受批评和处罚。这些动机具体差异，是由客运服务人员的觉悟程度、人生理想、价值观念、实践经验、文化修养等差异造成的。

在具体工作中，有时有几个动机，甚至是相互矛盾的动机，在特定的场合会同时发挥作用。例如,有的客运服务人员,努力改进工作方法,提高工作质量,其中既有为旅客服务这个高尚的动机,同时还有"露一手"以引起领导重视的动机,甚至还可能掺杂着把其他同事比下去的动机。这种情况说明,动机的产生是一个很复杂的心理现象。同时,动机又是发展变化的,一个动机消失了,另一个动机产生,低层次的需要满足后,随之产生高层次的需要,不同的需要产生不同的动机。另外,动机还经常出现受挫现象,动机受挫或者动机能够获得满足,会使人的动机弱化或强化。

2. 客运服务人员类型分析

将客运服务人员的心理成熟度和工作动机结合起来进行分析,可以大致地归纳出他们的四种类型。

(1) 事业型

这类客运服务人员有高尚的工作动机,热爱本职工作,不斤斤计较报酬和荣誉,不怕艰苦和劳累,一心只想做好本职工作,力求在事业上有较高的成就,工作的积极性和主动性强。在这类客运服务人员的需要结构中,成就需要占主导地位,而交往需要和生理需要相对地不太强烈。其工作积极性稳定、持久。客运管理工作的重点是为具有事业型动机的客运服务人员创造工作条件,使其积极性和创造性能够得到充分发挥。

(2) 自尊型

这类客运服务人员的工作动机处于一般水平上,谈不上献身客运服务事业,但也决不甘居他人之后。这类客运服务人员自尊心较强,比较看重荣誉或"面子"。他们力求自己的工作符合规章的要求,让人挑不出错来。在这类客运服务人员的需要结构中,交往和发展需要占主导地位。他们的积极性常常呈现波浪式变化,当受到表扬时,劲头很足,遇到挫折时,则情绪容易低落,甚至垂头丧气。对待具有自尊型工作动机心理的客运服务人员,管理工作的重点是分析他的工作动机形成的原因,有针对性地对其工作中取得的成绩给予适当的表扬,表扬时要选择有其他人员在场的场合;对其错误要及时给予批评,批评时的场合视问题的严重性而定,一般性的小问题要避免其他人员在场,问题严重时,也需要当众批评,但要做到批评得力,使其心服口服。

(3) 服从型

这类客运服务人员工作动机的层次不高,让我做什么,我就做什么。因此,他们在心理上安于现状,不思进取,满足于"过得去"。在这些客运服务人员的需要结构中,生理、安全、交往等方面的因素占主导地位。他们往往在考评、评比或上级检查工作等激励因素作用下,表现出较高的积极性。因此,其工作积极性不能持久,带有"偶发性"。客运管理工作的重点是采取适当的方法调动这类客运服务人员的积极性。

(4) 逆反型

具有逆反型工作动机心理的客运服务人员,在工作中不服从指挥,不积极工作,甚至影响其他客运服务人员的工作态度。其工作动机心理产生的原因是多方面的,例如,对客运服务工作不喜欢;在家庭生活及社会中发生了一些不愉快的事情,造成心理障碍,产生一些消极的情绪,把消极情绪带到工作中来等等。因此,对具有逆反型工作动机心理的客运服务人员,客运管理工作的重点是分析他们产生逆反型心理的原因,有针对性地进行教育,解决其心理问题;对其工作中存在的问题给予适当的批评,问题严重者停止其工作。

上述这些类型的划分是相对的,有时是相互交叉的,同时又是可以转化的。管理者的任务,在于进行经常性的思想教育,并且创造良好的情景条件,努力做好转化工作,使客运服务人员在工作实践中树立高尚的动机,帮助他们提高心理素质,促使其保持稳定而持久的工作积极性。

**二、抱负水平**

抱负水平是指客运服务人员决定其行为达到什么质量标准的内心目标尺度。因此,抱负水平的高低是与一个人为自己所制定的目标的高低相联系的。

1. 抱负水平的表现

抱负远大。如果客运服务人员有远大的抱负,就能够为自己树立远大的人生目标,在工作中精益求精,千方百计提高工作质量,努力在事业上做出成绩。

目光短浅。如果客运服务人员目光短浅,抱负水平低,就会在工作中表现得马马虎虎,得过且过,存在"当一天和尚撞一天钟"的心理。

客运服务人员应具有远大的抱负水平。具有远大的抱负水平,并不一定表现在轰轰烈烈地干一番事业上。在我们日常生活中,轰轰烈烈的事情很少,更多的是平平凡凡的事情。在本职工作岗位上勤恳工作,也是一种人生目标,也是一种远大的抱负。伟大来自平凡,它是在平凡的工作岗位上对平凡的工作日积月累而表现出的一种精神。

2. 抱负水平的提高

一个人的抱负水平的提高受多种因素影响,可以采取多种方法。从个人及组织管理角度看,所采取的方法主要有以下五种。

(1)正确认识人生的价值观

抱负水平直接反映着一个人的人生观,即人的苦乐观、幸福观、荣辱观、生死观、价值观等。人的价值追求不同,决定着抱负的不同内容和方向。不同抱负,在一定程度上影响着人们对生活、工作、他人的态度和行为,其中核心是人生的价值观,体现在:以信仰为中心的精神价值,以权力、地位为中心的政治价值,以实利为中心的经济价值,以和谐、愉悦为中心的审美价值。

(2)正确对待得与失、成与败

抱负水平与个人的生活环境以及个人对客观现实的认识深度有着密切的关系。在为自己确定了一定的工作目标之后,就要通过自己的努力去达到目标。目标能否实现,受两个因素影响。

①受个人能力的限制

一个人的能力总有高低之分,能力的大小取决于一个人所拥有的知识的深度和广度,以及对所拥有的知识灵活运用的程度。如果知识渊博,并能够灵活地运用,表现出的能力就高;反之,能力就低。高强的能力,为目标的实现准备了必要的基础前提。而高强能力的获得,是在运用知识的实践中不断提高的结果。可以说,知识是与理论相关的,能力则与实践相关。结合自己的能力,目标的制定应与能力相适应。能力高时,为自己制定的目标就高些,能力低时,为自己制定的目标就低些。这样,实现目标的可能性就会大。

②受环境因素的影响

能力的高低只为目标的实现提供了基础前提,人的目标能否实现还取决于环境因素的影响。如果人制定的目标脱离了环境,或环境不具备实现目标的条件,都可能使目标不能达到。这也从另一方面说明,人对目标的制定,需要综合考查两个因素:一是目标必须结合环境的要求,二是尽力创造环境,提高实现目标的可能性。

因为存在着人的目标能否实现的问题,所以也就存在着如何对待得与失、成与败的问题。目标能否实现,影响人的抱负水平的高低。在工作中,一个人非常顺利,经常取得成功,如技术革新项目的成功,新的服务方式得到肯定和表扬,合理化建议被采纳等等,就会提高他的抱负水平。抱负水平高的人,敢于提出较高的工作目标,并具有战胜困难的勇气。如果一个人经常受挫和失败,就容易降低其抱负水平。只有意志很顽强,屡遭挫折始终不气馁的人,才能坚持下去。有的人,常常异想天开,随意地制定很高的目标,根本不考虑目标实现的可能性和现实性,这样的人也极容易在遭到挫折时,降低其抱负水平。一般客运服务人员,总是不断地在实践中总结经验教训,经历着抱负的"实现性——可能性——新的实现性——更大可能性"这样一个发展过程。例如,一个售票员在刚上班时,制定三个月内熟悉有关售票工作的全部知识,并初步掌握其售票技术的目标,这个目标既是现实的,又是可行的。实现这个目标后,她为自己制定出发售百万张车票无差错这样的目标,经过努力又实现了。于是,她可能对售票工作程序科学化等内容进行深入的研究,进一步提高目标,最终她可能成为这方面的专家。

(3)在职工中培养积极向上的士气

客运服务是由一定数量的客运服务人员共同进行的工作,具有特定的环境性,每位客运服务人员受其工作的环境因素的影响和制约。客运服务人员抱负水平的高低,受他所在的集体,如乘务组、服务组等的士气的影响。如果整个集体形成你争我赶、积极向上、人际关系和谐的气氛,形成比技术、比优质服务的氛围,就容易提高人的抱负水平。

(4)建立奖励先进、鞭策后进的管理方式

客运服务人员抱负水平的提高,受管理方式影响,即管理方式是否有利于激发职工的积极性、主动性,是否真正奖励先进、鞭策后进等。所以,客运服务管理部门务必建立和健全科学有效的奖罚制度,并充分发挥这个机制的积极作用。

(5)建立客运管理人员与服务人员之间的良好关系

客运管理人员与服务人员之间良好的关系,可以造就一个和谐、轻松的工作氛围和宽松的人际关系。在工作中,客运服务人员畅所欲言,积极地提出合理化建议,既能够改进工作方式,提高服务水平,又能满足客运服务人员工作的成就感。客运服务人员的抱负水平同工作动机有密切联系,两者都是复杂可变的心理现象,客运组织中的管理者,要经常对客运服务人员进行形势教育和理想教育,刺激客运服务人员产生将工作做好的愿望,帮助他们树立信心,并采取正确的政策和方法,促使客运服务人员提高抱负水平。

## 第二节 客运服务人员主要能力培养

### 一、注意与观察能力培养

客运服务人员要适应复杂多变的工作环境,清晰地反映旅客和工作中的情况,提高认识活动的效果,就必须具有良好的注意力和观察力。

客运服务人员在工作中必须保持良好的心境、情绪状态和工作兴趣,以便对具有一定刺激(音响、气味、活动)和新奇、意外的事物(某些旅客的不寻常动作、神态),对具有美感及道德感、感情色彩的对象(如优美的乐曲)随时给予"注意",并从无意注意向有意注意转化。一个客运服务人员,要特别锻炼自己的有意注意能力,在客运服务的整个过程中,总会遇到一些并不使人感兴趣而又必须做好的工作,需要通过有意注意强制自己的精力集中在这些工作上。一般来讲,对工作和活动的目的越明确,完成任务的欲望越强烈,就越能将自己的注意放到这项工作上来。缺乏注意力,就会"视而不见""充耳不闻"。

对客运服务人员来说,在日常工作中,尤其是在超员比较严重、站车秩序不好的情况下,有良好的注意力和观察力,才能发现"问题",如发现携带危险品及其他违禁物品上车,发现并安置特殊旅客等。只有发现问题,了解问题产生的原因,才能及时采取措施使问题得到有效解决。例如,有的列车服务人员具有较强的注意力和观察力,拥有比较丰富的知识,能及时发现旅客的异常表情和行为,并了解到旅客的外部表现是由于内心的哪些难处造成的,通过对其难处的解决,使其旅行愉快。因此,对客运服务人员良好注意力和观察力的培养,有其重要的意义。

**案例**

20××年1月13日,D3119次列车满载着旅客正点始发。由于这趟车客流大、停站多、运行时间长,旅客难免有烦躁感。列车长小苗注意到车上坐了九十多位老年旅客,也及时察觉了旅客的情绪表现。于是,小苗在加强重点服务的同时,组织列车员、随车保洁员进入车厢教老年旅客练"舒缓疲劳操",不仅舒缓旅客的身体疲劳,也使车厢的气氛更温馨,旅途更轻松。

**案例**

20××年1月16日,D3019次列车上,小杨巡视车厢时发现一位中年男士趴在前面座椅靠背上,双腿伸直,低着头,一副很痛苦的模样。小杨觉得不太对劲,便主动上前询问,了解到该男子患有腰椎间盘突出症,压迫腿部神经,疼痛难忍,这次回长沙是做手术的。于是,小杨及时帮旅客将座椅调节到比较舒适的位置,并为其倒了热水,同时安慰这位旅客不要着急,有事可以找列车员,到站前她会过来帮其下车。之后,小杨向列车长汇报,列车长和小杨一路上问寒问暖,对这位旅客给予了细致的照顾。午餐时间他们主动帮助旅客买来午餐,还找来几本杂志垫在旅客腰部,帮助其将座椅调整到便于吃饭的舒服位置。到站前,他们又来到车厢帮旅客拿行李,扶旅客到车门口等候下车。到站后小杨扶着这位旅客下车,列车长与客运值班人员办理交接,并将旅客行李一并交给值班人员。

1. **注意力的培养**

(1)努力锻炼提高注意的稳定性

一是要认识自己从事工作的意义和目的,具有强烈完成本职工作的欲望,如售票人员明确工作对旅客旅行、对铁路收入、对路风建设的重要意义,拥有强烈的对旅客负责、急旅客之所急的责任感,就能稳定地将自己的注意力集中在售票、收款以提高售票速度和收款的准确性上。二是对工作应有浓厚的兴趣,如果对客运服务工作厌烦,就难以将注意力稳定在对旅客的服务上。三是要学会排除干扰,干扰有外在的,如无关的声音、不正常的情况等,也有内在的,如疲劳、不好的情绪等。对于外在干扰,要尽快适应或想办法消除、减轻它,以创造良好的工作环境;对于内在干扰,主要是自控,保持良好的心境,抑制消极情绪的发展。

客运服务人员为了使自己能自觉、稳定地将注意力集中在工作上,应合理安排自己的工作和休息,使生活有合理的节奏。下班后安排好家务和业余生活,以保持旺盛的精力,避免由于健康等主客观因素影响工作中注意的稳定性。

(2)扩大注意的范围

扩大注意范围是对客运服务人员的要求,注意范围大,能够全面地观察到站车内旅客的情况,对旅客的手势、表情、语言等能敏捷地注意到并迅速地做出反应,及时、主动地为旅客服务。客运服务人员的注意范围与其知识、经验、对工作的熟悉程度以及对环境的适应能力有密切的关系,对某种事物越熟悉,工作经验越丰富,注意范围就越大。注意范围又受任务要求的制约和影响,任务多,注意范围会增大。因此需要对客运服务人员在知识、经验、对工作的熟悉程度以及对环境的适应能力等方面进行锻炼和培养。

(3)合理分配注意

注意的分配是建立在对工作内容熟悉的基础上的,因此客运服务人员应刻苦钻研本职工作的规律性,提高工作技巧,合理地对工作内容进行顺序组合,并加强对注意分配的训练。

2. 观察能力的培养

观察能力是通过培养和训练获得的,是个体通过自己的实践活动逐步形成和发展起来的。观察能力取决于对观察对象的兴趣、个人的相关知识、生活阅历和经验以及观察的方法、观察的训练等因素。在观察时,明确观察的目的任务,激发观察兴趣,准备必要的知识,确定观察的方法和步骤,严格按照计划有系统、有步骤地进行观察,养成良好的观察习惯,进行反复的观察训练,就能获得满意的观察结果。

二、记忆能力培养

在旅客运输服务工作中,客运服务人员不具备良好的形象记忆能力,就记不清旅客,尤其是重点旅客的相貌特征。缺乏语义记忆或语言逻辑记忆能力,就记不清站名、票价、作业程序等。缺乏运动记忆能力,就不能很快掌握各种作业技巧。缺乏情绪记忆能力,人就会变得麻木。因此,培养和锻炼良好的记忆能力,是做好旅客运输服务工作,提高服务质量的重要基础。记忆能力的培养一般可遵循以下三个方面的要求。

首先,明确记忆目的,提高记忆的信心。识记的目的、任务是否明确,对记忆效果有很大的影响。一个旅客经常乘车旅行,除了他旅程的始发站、中转站、终到站及中途特别有名的大站以外,对多数中间站一般是记不住的,因为他没有记住它的目的。但一名列车服务人员,不论自己执行乘务的列车经过的路线有多长,小站数量多么多,有些站名如何不顺口,他都必须记住,因为为了执行任务必须有目的地记住它。

有明确的识记目的,还需要有信心,即"相信自己能够记住"。有了信心,识记态度就积极,注意力容易集中,抗干扰能力就会提高,思维及联想的能力就活跃,记忆力就会得到良好的发挥。记忆效果不好,常常和记忆状态,如情境、情绪、紧张度等不佳或记忆信心不足有关。每当我学习新的知识,内心总会产生一定的阻力,觉得很难。但下定决心去学习,增强学习的自信心后,又觉得没有什么难的地方了。

其次,利用记忆的最佳时间。一天之中不同的时间段,有不同的记忆效果。一般地讲,一天中有四个时间段记忆效果最好,称为最佳记忆时间。第一阶段是清晨起床后的一小时左右,此时学习可以防止前摄抑制作用的干扰,即之前学习过的材料对保持和回忆以后学习的材料起干扰作用。第二阶段是上午8时至10时左右,此时人的精力上升,处在旺盛期,这段时间记忆容量增大,效率提高。第三阶段是傍晚6时至8时左右。第四阶段是临睡前一小时左右。这两段时间主要是后摄干扰作用小,即后学习的材料对先学习的材料起干扰作用小。不同的人,记忆的最佳时间可能不同,有人睡前记忆效果好,有人早晨起床后记忆效果好。只要有意识地去实验、总结,都能找到最佳记忆时间。客运服务人员需要记忆的内容很多,如规章制度、站名、票价等,要学会利用最佳时间,去记忆对本职工作最为重要的材料。

最后,运用科学的记忆方法。记忆是有规律的,人们研究出的快速记忆法,就是对记忆规律性的初步认识和掌握。但任何好的方法都必须与记忆者本人的具体情况相结合,才能得到效果。常用的、比较行之有效的记忆方法有:

(1)感官并用记忆法

在记忆材料时,如果只用一种感觉器官,记忆效果差,同时运用多种器官,会大大提高记忆效率和效果。多种感官并用,在大脑中容易形成多方面的网络联系,使记忆的对象在脑中留下更深刻的印象。

(2)分析记忆法

分析记忆就是对需要记忆的材料进行归纳、分段、分类、分散记忆。一般讲,每次记忆的信息量相对减少,信息内容较为集中、单纯,心理负荷相对减轻,记忆效果会提高。例如,记忆一篇全面介绍北京历史、现状、发展前景的材料,可以对材料进行分析,把地理位置、文物情况作为一段,历史情况作为一段,现状作为一段,发展前景作为一段。分段后,一段一段记忆,然后再结合起来贯通记忆,这样的分析记忆会优于整体连续记忆的效果。

(3)特征记忆法

这种方法用来记人、记地方、记具体事物较为有效。人的相貌特征总有差别,每个人有区别于任何他人的特别之处,这些不同之处就是该人的特征。一个地点也总有不同于其他地点的特点。只要善于发现特征,认真观察,就能提高记忆效果。

(4)提纲记忆法

一般文字性材料,总有个结构,有逻辑框架,抓住记忆材料的主要环节,就能纲举目张,较快地记住这个材料。

记忆的方法还有很多,例如图表记忆法、编顺口溜记忆法、心象联想记忆法、自测记忆法等。在记忆一种材料时,灵活运用各种记忆方法,可提高记忆效果。

### 三、思维想象能力培养

感觉和知觉是对客观现实的直接的反映,而思维和想象是对客观现实的概括性、创造性的间接的反映。客运服务人员经常和旅客交往,会碰到各种各样的问题和矛盾。因此,客运服务人员需要具备敏捷的思维和丰富的想象,才可以灵活、妥善、创造性地处理各种矛盾和问题。在问题的解决过程中,一般遵循"发现问题——分析问题——提出假设——检验假设"的过程。

"发现问题"在很大程度上依赖于客运服务人员的独立思考能力。一个善于思考的人,常常能从他人司空见惯、平淡无奇的事情中发现问题。独立思考能力的大小与客运服务人员的工作态度、知识经验有密切的关系。

"分析问题"即考虑问题所在，分析问题的性质，这是使问题明朗化的过程。要求客运服务人员对工作中的问题尽快地掌握有关资料，研究资料之间的关系，进行合乎逻辑的判断和推理。这种分析能力除了与知识经验有关，还与个人的逻辑修养有关。

"提出假设"是寻求解决问题的途径和方法。有效解决问题的途径和方法，往往是依据以往的经验，结合问题产生的实际情况，灵活运用思维和想象而提出的。如果问题是建立在片面的、甚至是虚假的基础上，会使矛盾激化或问题更加复杂。因此，思维品质的优劣，对提出的假设的质量具有决定意义。

"检验假设"是通过实践来检验所提的方案是否可行，是否合理。一般的检验方法有两种：一是由实践活动的结果来证明假设的合理、可行；二是通过逻辑推理，论证方案有无破绽。后者是前者的补充，实践活动是检验的最终标准。

上述处理问题的过程是相互联系的一个整体，整个过程中都需要客运服务人员有较高的思维和想象能力。例如，客运服务人员经常遇到旅客之间发生矛盾的情况，这类问题的产生，既有旅客本身的原因，也有周围环境、群体气氛的原因。这些情况混杂在一起，增加了客运服务人员处理问题的难度，而问题发生的情况又不允许客运服务人员从容地调查、分析问题，然后慢慢地解决问题。这就需要客运服务人员具有敏捷的思维和想象能力，迅速地判断问题产生的实质原因，提出合理的解决办法，以果断的态度和措施解决矛盾，制止事态的发展。

**四、言语能力培养**

言语是指一个人运用语言工具进行思考和社会交往的行为过程。通过言语活动，可以理解对方语言和利用语言表达自己的思想和感情。言语具有交际功能、符号功能和概括功能。交际功能是指人与人之间通过言语活动交流思想、传递信息、表达感情的过程；符号功能是指言语中的词总是标志客观事物的一定对象或现象；概括功能是指言语不仅标志客观事物的个别对象或现象，还可以标示某类事物的许多现象。

礼貌语言是人与人之间相互尊重的表现，人是有思想、有感情的人，人与人之间的关系是平等、互利的关系，彼此要相互尊重。这种关系反映到旅客运输服务工作中，要求客运服务人员主动、周到、热情、礼貌地为旅客服务。因此，礼貌语言作为一种服务工具，作为客运服务工作中精神劳动的主要内容，必须自觉掌握并获得较高程度的修养。礼貌语言在客运服务工作中的作用，概括起来有以下五种：

(1) 组织作用

例如，列车员在车厢内对旅客说"各位旅客，现在我给大家送水，请大家准备好茶杯，在座位上等候。"这个通告，告诉旅客的信息有：一是我要送水了；二是请准备好茶杯；三是不要走动，在座位上等。这样旅客就会做好准备，协助客运服务人员有秩序地做好送水工作。又如，在列车超员的情况下，说这样的话："各位旅客，今天列车超员，我们对无座的旅客深表歉意。旅行让大家走到一起，应相互帮助、相互关心，请有座位的旅客发扬热心助人的精神，两个人的座位坐三人，三人的座位坐四人。谢谢大家！"这种对旅客有真情实意的话语，常常得到很好地动员组织旅客的作用。再如，检票的时候说"各位旅客，请排好队，准备检票。"这会使旅客由无序状态进入到检票的有序状态。这是服务语言的基本作用,没有这种组织工作,无法使站、车有序,也就谈不上优质服务。

(2) 教育作用

站、车是宣传国家法令、铁路规章制度、旅行常识的有效场所。例如,通过对站、车禁止吸烟、禁止随地吐痰、禁止乱扔脏物的宣传教育,使旅客养成讲究卫生的良好习惯,对提高全体公民的社会公德水平起到很大的推动作用。这种教育的执行者、监督者是客运服务人员,他们要完成这一任务,没有良好的文明素质,不使用礼貌语言是不行的。

(3) 帮助作用

旅客在旅行生活中,有各种各样的问题,需要客运服务人员帮助解决。有的需要解释,有的需要安慰,有的需要开导,有的需要制止。这一切,都需要用语言给旅客提供帮助。在为旅客提供帮助时,使用礼貌语言,会给旅客产生"不是亲人胜似亲人"的感觉,达到令人满意的服务效果。

(4) 融洽作用

客运服务工作,每天接待各种各样的旅客,服务与被服务常常是一对矛盾,如无票要上车而不让上,物品放在过道上而不让放,要吸烟而不让吸。在发生矛盾的情况下,客运服务人员一方面要以礼让为先,无理不辩,有理不争,有礼让人,另一方面要坚持原则,妥善处理。解决这一矛盾的工具是礼貌的语言,表达出旅客运输服务部门对旅客的要求、希望和请求,首先说一个"请"字,它倾注了人与人之间的感情,拉近双方的感情,使关系融洽。在得到旅客的帮助时说声"谢谢",给人的感觉是尊重对方,表现了人与人之间的平等关系。在干扰、妨碍了旅客时,说声"对不起",会使人听后感到舒服,使旅客愿意协助工作。客运服务人员与旅客之间感情融洽,能够创造一种和谐的旅行生活环境,使旅客心情愉快,也使服务工作获得方便。

(5) 感化作用

客运服务人员是客运服务企业的代表,在旅客面前,一言一行都会给旅客留下深刻的印象,旅客往往通过客运服务人员的言行了解旅客运输服务部门的基本情况。客运服务人员的思想倾向和感情色彩,往往会在具体的服务工作中自然地流露出来,给旅客以真实、深刻的影响。不管他是否是自觉的行为,是否认识到这一点,服务工作对旅客、对社会每天都会起感化作用,产生影响。如果每位服务人员都能用文明的劳动、礼貌的语言体现崇高的思想、良好的风貌、高尚的情操,起到一种示范作用,影响、感化旅客,那就能够带动旅客,以至提高整个社会的文明程度。

运用礼貌语言,也是解决处理旅客纠纷的一种方法,是一种技术和能力。例如,两位旅客正在吵架,如果客运服务人员装作看不见而躲开,这是对工作不负责;如果去处理,却是用这样的语言——"吵什么吵!别打了,吃饱了撑的,要打,这儿可不是打架的地方。"先不说这种处理方法能否解决问题,单单从这些话中就可以反映出服务人员的一种怨恨态度,可以看出他的服务水平和能力很低。如果这样处理:"两位同志(和蔼又含坚定的口气使人不由自主地要听),请问两位有车票吗(把注意力吸引过来)?"看票后,微笑地说:"如果车票是我们的请帖,来到我们运输部门,就是我们的客人,请两位看在主人的面上不要吵了吧。出门在外,都不容易,相互有什么不对的地方,相互谅解一下。"这样就可能使问题得到解决,至少能平息争吵。

与礼貌语言相反的是"无声服务"。有人认为"做服务工作的,把活做好了就行"。事实证明,把活做好了,并不一定会使旅客满意。讲不讲话,反映了客运服务人员对旅客的感情和态度。客运服务人员的劳动,为旅客创造一个好的环境,使其愉快地旅行。不讲话,就不会反映出自己的情感和态度,旅客不能感觉到客运服务人员的劳动,这种无声服务,从某种意义上说是"无效服务",是一种消极的服务。另外,有一种无声服务,就是旅客问询时,服务人员不理睬,用不讲话冷落人,这种情况也很伤害旅客的感情和自尊心。

因此,要实现优质服务,不讲礼貌语言不行,讲粗话、脏话不行,不讲话或无声服务也不行,不讲究服务语言,不能自觉地运用礼貌语言,是实现优质服务的障碍。

为了提高言语的表达能力,在日常生活中经常训练自己,将感觉、知觉转化为概念,用概念构成思想并以言语的形式加以表达,进一步把思想用于实际,使抽象的知识上升为具体的知识。在这个过程中既掌握知识,又发展能力。在言语表达能力的教育中,应把直观生动思维、抽象思维和实践三者合理地结合起来,也就是把言语和实践、再现和探索、归纳和演绎、独立活动和在人们指导下进行的活动合理地结合起来。

**案例**

20××年11月27日,G43次列车从廊坊站开出。列车员小丁在核对车票时发现6号车厢有名旅客有逃票嫌疑。列车长小钱赶到后,凭经验感觉该旅客想长乘短补,钻铁路的空子。但话留余地、礼让三分,小钱婉转地问:"先生是否因公临时改变行程?"该旅客连声说是,并把票办理到前方站济南西站。开过济南西站后,列车员发现该旅客又越站了,且百般辩解,拒绝补票。小钱将旅客引导至周围没有其他旅客的地方,悄声说:"先生,您好!是不是您的行程又出现了改变?如果是这样,每站开出您都需要补票到下一站,那每次都会产生2元手续费,这可比一次性买票贵不少,您是去杭州站吗?"旅客见列车长识破自己的意图,却每次说话都给自己留有余地,不好意思地笑着把票补全了。

**五、情绪能力培养**

健康情绪的培养对提高个体的心理素质具有重要意义,健康的情绪可保障我们高效地完成学习、训练和工作任务,取得优良的工作成效。在客运服务过程中,客运服务人员面对可能出现的各种情况,保持平和的心境,始终如一地耐心、热情地为旅客服务,需要对情绪进行控制。主要的控制方法有以下几种。

1. 保持适宜的情绪状态

林则徐曾将写有"制怒"二字的条幅挂在墙上,用来控制自己的情绪,这是用语词来防止或缓和自己不当激情的一种方法。人有时回忆以前被激怒带来的不愉快,或想起某人善于自制的形象也有助于约束自己的激情。用语词或理智控制自己情绪发生的强度,或用注意转移来引导情绪发生的方向,都有助于保持适宜的情绪状态。

2. 丰富并端正个人的情绪经验

产生不适宜的情绪,往往是由于缺乏一定的情绪经验引起的。例如,参加比赛时的惊慌,大都是由临场经验不足而出现的。人的友谊感、责任感、欣赏艺术作品的美感和理智感等,也都是在参加集体活动中,逐步积累情绪经验而丰富起来的。因此,经常创造表达健康情绪或良好情感的机会,有利于丰富正确的情绪经验。

3. 从多种角度看待问题,使情感向正确的方向发展

人们对事物的观察和体验,对生活中遇到的问题与挫折,倘若只从一个角度来看,可能引起不安,导致终日苦闷和烦恼。如果从另外一个角度来看,就有可能发现它的积极意义,使消极的情绪或情感转化为积极的情绪或情感。

## 第三节　旅客运输管理人员的管理行为

要从根本上提高旅客运输服务质量,就必须牢固树立服务的思想。从旅客运输服务总体规划的制定,到具体服务方法在客运部门的施行,都要贯彻一切从旅客出发,一切为了旅客,一切为旅客服务的思想。

旅客运输服务业为了实现一定的社会效益和经济效益,确定了发展的目标,制定了相应的发展战略,建立了组织机构及组织制度,在划定分工与协作的基础上明确了管理的范围和职责,配置相应的人员以后,能否使各部门各类人员有效地运转起来并发挥作用,最基本的方法有两种。一是建立有效的计划和控制系统,通过计划将组织目标具体落实到每一个部门的每一个人,规范人的行为,加强人与人之间的协作,并通过控制,保证人的行为按计划的规定进行;二是建立激励系统,管理的根本性问题是人的问题,众多的物、财,或完美的业务计划,都要通过人且依靠人才能发挥作用。离开人,再好的设备、技术,再充足的资金也发挥不了作用。如何调动和发挥人的力量,通过人把各种经营资源结合起来,形成具有特定功能的系统力量,从而达到经营目标,有效的激励系统发挥着重要的作用。本节从领导行为和激励行为两方面论述旅客运输的管理行为问题。

### 一、领导行为

1. 领导行为

(1)领导的概念

传统的管理理论认为领导是组织赋予一个人的职位和权力,以率领属下实现组织目标。多数行为科学家认为领导主要是借助权力和影响力引导和激励人们去实现组织目标,是在一定条件下努力实现组织目标的行动过程。管理心理学家认为领导是透过人群关系去影响团体中的每一位成员,激发其积极性,努力实现组织目标的。

从领导者的实际工作来看,领导者一方面要运用组织赋予的权力,实行监督和控制,另一方面要通过个人,依据组织内的实际情况,运用领导技能,采取正确的领导方式和领导行为,团结和带动全体职工高效率地实现组织目标。

(2)领导与人际关系

人们在组织中发生相互关系,彼此相互作用和影响,每个人的影响程度并不相同。主要表现在两个方面:一是人群关系的性质不同,影响别人的行为效果也不同;二是个人在组织中的地位和作用不同,发生的效果不同。

一些人在组织中的地位和作用高于其他人,或他们具有一定的威信、良好的品德、富有工作才能,能够满足成员的某种需要,他们对其他成员便有较大的影响力,能够取得他人的信任,成为组织中的特殊人物,他们能带动组织、控制组织,是组织的领导者。在企业内,领导者与被领导者的区别主要表现在职位的不同,这种职位的不同,有的是一开始就有的,如

上级的任命；有的是在组织中通过实践慢慢形成的。根据管理心理学家对领导的理解,领导者与人群的关系对实现组织目标有重要的影响。

(3) 领导行为要素

领导行为要素主要表现在以下四个方面：

① 支持。领导者重视和支持体现职工的价值观及感情的行为,这种行为会得到职工的支持。所以,支持是相互作用的。

② 促进相互关系。指领导者善于促进职工间密切合作、相互满足的关系,并不断发展这种关系的行为。

③ 强调目标。指领导者善于激发职工努力达到组织目标的行为。

④ 协助工作。指领导者能协助职工拟订工作计划,调整工作关系,提供工作的知识、技术、器具、材料等,使职工便于工作,并提高工作效率的行为。

传统的以个人与权力为核心的领导观念,以及强调个人人格特征,如写作能力高、有智慧、有雄心、有正义感、判断力强等特点的观念都是不全面的。领导者是组织中的一种角色,而领导是领导者的一种行为,是一种人与人之间的关系,是人与工作以及人与目标之间关系的一种形式。一个组织可以指定或选出一位领导者,但不能指定或选出某种领导行为。因此,对领导行为的培养特别重要。

2. 领导者的功能

(1) 正式领导者与非正式领导者的功能

领导者与组织一样,可分为正式领导者和非正式领导者两种。

正式领导者拥有组织结构中的正式职位和权力,其主要功能是领导职工达到组织的目标。主要职能表现在：

① 制订和执行组织的计划、政策与方针；

② 提供情报知识与技术；

③ 授权下级分担任务；

④ 对职工实行奖惩；

⑤ 代表组织对外交涉,控制组织内部关系,沟通组织内上下的意见。正式领导者的功能是组织赋予的,能否实现以及实现的程度,取决于领导者的能力以及领导者本身是否为其属下所接受。

非正式领导者没有组织赋予的职位与权力,但由于个人的条件优于他人,如知识经验丰富、技术能力强、善于洞察他人或具有某种人格上的特点,使职工佩服,而对职工具有影响力,其主要的功能是能满足职工个别需要。主要职能表现在：

① 协助职工解决私人的问题,如家庭的或工作的；

② 倾听职工的意见,安慰职工的情绪；

③ 协调与仲裁职工间的关系；

④ 提供各种资料情报；

⑤ 替职工承担某些责任；

⑥ 引导职工的思想、信仰及对价值的判断。

非正式领导者对职工具有实际的影响力,如果他赞同组织目标,可以带动职工执行组织的任务;如果他不赞同组织目标,可能引导职工阻挠组织任务的执行。

(2)基于领导功能的领导特性分析

一个正式领导者要制定政策,提供知识与技术,需要适当的智慧。但领导行为主要是人群关系行为,还必须具有较强烈的被组织内的职工所接受的感情,才能发挥其领导的效果。实践证明,能够发挥最大效率的领导者应具备的主要特性有:

①敏感性。善于体贴别人,精于洞察问题。

②个人的安全感。有安全感的人,情绪稳定,做事稳重,让人觉得可靠、可信赖。

③适量的智慧。领导者需要某种程度的智慧才能处理许多事务,但不需要太高的智慧。智慧太高,往往容易恃才傲物,不能体谅一般人。

由此,一个真正有作为的领导者,他同时应具有正式领导者和非正式领导者的功能,既能实现组织的目标,又能满足职工的个别需要,他必须将工作领袖和情绪领袖两种角色集于一身。但这种标准或理想的领导者是不可多得的,通常的领导者倾向于工作领袖的性质,容易忽略属下的社会性及情绪的需要。因此,职工中较善于体贴别人者,便逐渐变成大家的情绪领袖,担负起安慰、鼓励、仲裁及协调等功能的作用。对于这种现象,正式领导者应给予足够的重视。

3. 领导者应具备的基本条件

领导者应具备哪些条件,长期以来有许多不同的看法,这里介绍几种典型的论述。

(1)第一种论述

领导者应具有品德高尚、富于进取心和创新意识、博学多识、多谋善断、知人善用等特质。

①品德高尚。领导者要大公无私,襟怀坦荡,富有牺牲精神,严于律己,宽以待人。

②个性完善。领导者应性格开朗,豁达大度,意志坚强,自信,有自知之明,对事物具有广泛的兴趣和热情。

③富于进取心和创新意识。领导者通常有较强的事业心和成就需要,希望通过事业的成功体现自身的价值,有魄力和独创精神,勇于积极开拓新的活动领域。

④博学多识。领导者应具有较完善的知识结构,不仅通晓与企业领导工作有关的现代管理科学知识,而且精通与本部门业务活动性质有关的专业知识。

⑤多谋善断。决策是领导的主要职能之一,领导者应善于发现问题,提出多种解决方案,并从中进行优选决策;要能够根据情况的变化,随机应变地进行跟踪决策和适时处理。

⑥知人善用。领导的核心是用人,领导者应当善于观察人,了解人,用人之长,唯才是举,充分发挥每位成员的潜力和积极性。

⑦沟通协调。领导者应具备较强的人际交往能力,善于与属下及外部公众建立良好的沟通关系,能够调节各种复杂矛盾,促进内外关系的协调发展。

除上述基本素质外,领导者还应具备一定的领导风格,即领导者的个人气质、性格、能力、思想方法、价值观念及行为习惯等。鲜明、独特的领导风格可以增强领导者的魅力和感召力,是领导者获得成功的重要条件之一。

(2)第二种论述

一个领导者,只有具备技术、人文和观念三种技能,才能实施有效的领导。

①技术技能。技术技能是指领导者必须通过以往经验的积累,以及新学到的知识、方法和专门技术,掌握必要的管理知识、方法和技术。他具有胜任特定任务的领导能力,善于把专业技术应用到管理中去。

②人文技能。人文技能是指领导者必须具有善于与人共事并对属下实行有效领导的能力,善于把行为科学应用到管理中去。例如,激励方法能了解职工的需要,能帮助别人,为他人做出榜样,善于运用激励方法,善于动员群众的力量,为实现组织目标而努力工作。一般认为这种技能比聪明才智、决策能力、工作能力和尖端技术等技能更为重要,尤其像旅客运输服务业,主要的服务对象及管理对象都是人,没有人文技能是不行的。

③观念技能。观念技能是指领导者必须了解整个组织及自己在该组织中的地位和作用,了解部门之间的相互依赖和相互制约的关系,了解社会团体及政治、经济、文化等因素对企业的影响,具有良好的个人品德和素质,有高度的事业心和进取精神,善于把各种知识运用到企业管理中去,尤其是要具有市场观念以及为旅客服务的观念。有了这种认识,可使一个领导者按整个组织的目标行事。

领导职位高低的不同,对上述三种技能学习和掌握的要求不同,具体要求如图 5-1 所示。

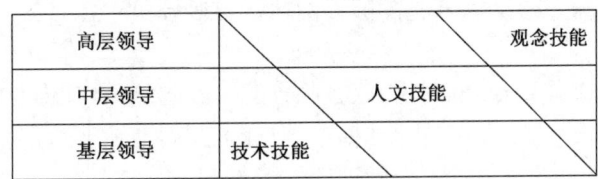

图 5-1　不同领导阶层所需要的管理技能

(3)第三种论述

行为学家利克特(Rensis Likert,1961)在《管理的新模式》中提出了一个优秀的领导者必须具备的条件,具体要求如下:

①优秀的领导者虽对组织负全部责任,但并不单独做出所有的决策。他要善于引导团体内的信息交流,虚心听取各种不同的意见,由此获得有助于决策的情报资料、技术性知识、各种事实和经验。

②优秀的领导者在无法等待团体讨论而必须临时做出某种决策时,必须能预测到这种临时的决策能够获得职工的支持,使团体迅速采取一致的行动。

③优秀的领导者首先要注意建立团体成员一贯合作支持的气氛,上下团结一致,为实现统一组织目标而努力。

④优秀的领导者必须能够承担起组织交给自己的职责,应尽可能减少使用职位权力去影响属下,即少利用其正式领导的地位与权力去指挥属下,而多利用自己的人格魅力去影响属下。

⑤优秀的领导者应具有善于同组织中的其他团体联系的能力,能将本团体的见解、目标、价值及决策反映给别的团体,以得到影响别的团体的效果。同时,也能将别的团体的各种见解、目标等告知本团体,促使双方意见交流与相互影响。

⑥优秀的领导者必须善于处理团体所面临的技术问题,并随时将专业知识提供给团体,必要时可请技术专家或其他专家给予协助。

⑦优秀的领导者不仅是一位"以团体为中心的管理者",并且他善于激发团体旺盛的士气,以达到组织的目标,努力促使团体成员对本团体从属的较大组织也产生责任感。

⑧优秀的领导者应具有敏感的感受性,能洞察问题的所在,了解成员的需要与感情,并随时伸出支持之手。优秀的领导者必须能适应外部环境的变化,引导团体在环境中生存与发展。

⑨优秀的领导者要善于规划团体的目标,并引导各单位及个人依据团体的总目标设置分目标,并努力去实现各自的目标。

(4) 第四种论述

领导者应具备思想政策意识、专业意识、角色意识、自我意识等意识观念,才能实施有效的领导。

① 思想政策意识

旅客运输服务工作是办理和人交往的事情的,是为人民服务的,思想性和政策性要求很高。作为旅客运输管理人员应该具有全心全意为旅客服务的思想,有高尚的道德品质修养,高度的责任心和事业心,渴望在自己的岗位上有所建树,有所创造。要有政治理论水平,懂得党的路线、方针、政策、法律和法规,能够正确地认识形势和社会动态。

② 专业意识

管理人员的本职工作归根到底是为旅客服务的。因此,必须有热爱旅客的思想,有了解旅客的能力,"想旅客之所想,帮旅客之所需"。如果心里没有旅客,行动上很少接近旅客,就会使自己的管理失去方向,也就谈不上管理的效能了。

客运管理人员,尤其是基层管理人员,既是管理者,又是具体的工作人员。管理人员应成为职工的挚友,应时时事事关心职工,接近职工,体谅职工的困难,支持职工的工作,并经常进行"心理换位",站在职工的立场上来评价自己的工作。这样,才能使管理真正落到实处。反之,职工意识淡薄,严重脱离群众,就会增大管理过程中的"内耗",使管理效能降低,从而使管理者失去主动权和影响力。

一个客运管理人员,首先要精通客运专业知识,同时应懂得一些相关学科知识,如教育学、心理学、管理学、法律学等方面的知识。知识水平的高低,直接影响管理者的意识水平,一个有较丰富知识的人,才能正确地处理各种问题,并在实践中有创造性和开拓性。

③ 角色意识

社会学认为,人在社会上都扮演着一定的角色,客运管理人员扮演的是一种特定的角色,如列车长是列车的"首脑",客运车间主任是车站客运工作的"组织者和指挥者"等。这种角色意识有其特定的社会标准,管理人员对本身"管理行为标准"的认识水平,决定着他的实际管理行为。管理者对自己"管理角色"的认识,就是角色意识。

从客运工作实践中看,角色意识主要是"职、权、责"的问题,如果管理者只强调"权",不适当地增大了"权力意识",而职务意识和责任意识淡薄,就会偏离"为旅客服务"的角色地位,势必妨碍有关方面的协同一致和团体成员的同心同德。角色期待是更为复杂的问题,常常发现管理者对自己的期待与全体职工对管理者的期待之间存在差距。因为,每个职工从各自的视野、工作状况和利益出发,有时会产生对"人与人关系"的期望"重于"加强对工作成效的期望,对"自己从事的具体工作"的期望"重于"对全局工作的期望。发生这种情况时,管理人员必须有清醒的认识,要力求通过细致的工作,加强对工作的意义和各部分工作之间关系的宣传,尽量缩小管理者的自我角色意识与职工、社会对管理者的角色期待的差距。否则,听任这种差距的存在与扩大,就会导致"角色冲突"。一个管理人员长期地不能满足职工、社会多数人的角色期待,就会导致严重失望心理的产生,使管理混乱,运转失灵,甚至无法实施管理。

④自我意识

自我意识是指人对自己和活动的认识、评价和自我调节,即人们常说的"自知之明"。一个客运管理人员,正确地评价自我、勇于自我批评和进行自我调整,是其必备的心理修养。

认识自我并不容易。老子说:"知人者智,自知者明。胜人者有力,自胜者强。"认识自我比较有效的方法是"以史为鉴""以人为鉴"和"反躬自省"。以"以史为鉴"是指研究以往管理者的得失、成败和经验教训,以此来警诫自己,检查自己,善于从以往类似的"情境"中发现自己的长处和短处。"以人为鉴"是指通过别人对自己的评价来认识自己,要有虚怀若谷、闻过则喜的心胸。"反躬自省"是经常对自己的行为进行回忆、检查和总结,学会客观地分析自己,荀子说:"君子博学而日参省乎己,则知明而行无过矣。"有了"自知之明",才能更好地扬长补短,不断控制和调节自我的言行,使自己的管理符合客观规律的要求,适合客运工作的需要。

自我意识不但影响着对自我的评价,同时还影响着管理者对上、下级的看法。自我评价过高,对别人的评价过低,势必影响别人对管理者本人的看法。自我膨胀的管理者往往盛气凌人,无原则地顶撞上级,随意指责下级,轻视管理集体中其他人的意见和建议。这样会降低团体的凝聚力,产生冲突和障碍,影响团结和合作,降低管理的效能。自我评价过低,则会信心不足,行为上过分依赖他人,对别人轻信,会使别人对管理者的期望降低,使管理者丧失管理的主动权,降低管理的效能。

管理者的自我意识是否得当,实际上是客观存在的自我和主观认识中的自我是否相等的问题,这只能通过管理的实践来检验。一旦在实践中发现自我评价失当,就应修正和调整主观中的自我,使之与客观存在的自我相一致。

4. 领导的有效性和领导方式

(1)领导的有效性

领导是一种特殊形式的社会活动,在活动中也必须讲求效益,即以较少的投入取得较大的产出,这种投入与产出之比,表现为领导的有效性。在领导过程中,职权、知识、能力等因素为实施领导提供了必要的资源投入,这些资源能否形成较大的产出,主要取决于领导者能否合理配置、利用各项资源,提高领导效能。有效性是领导活动的主要衡量标志,是领导水平的总体反映。领导是否有效,可以从以下几方面反映出来:

①主动支持。职工主动而非被迫地支持领导者,不论这种支持是出自感情或利益上的考虑。

②相互关系。领导者与下级职工之间保持密切、和谐的交往关系,并鼓励群体成员之间发展密切的、相互满意的关系,企业内部关系处于协调状态。

③高度评价。绝大多数职工都能高度评价所在企业或群体,并以成为该企业或群体的一员而感到骄傲和自豪。

④激励程度。职工因自身需要获得满足而焕发出较高的工作热情和积极性,个人的潜能得到充分利用。

⑤有效沟通。领导者与下级之间能够及时、顺畅地沟通信息,并以此作为调整领导方式、协调相互关系的依据。

⑥促进工作。在领导者的引导、指挥和率领下,企业各项资源得到合理配置,生产经营活动得以高效率地进行。

⑦实现目标。领导活动的效能或效果最终通过是否能够实现企业的预定目标和实现的程度反映出来。其中既包括经济效益目标,又包括社会效益目标。

领导活动是领导者、被领导者和环境三方面因素相互影响、共同作用的过程。这一过程是否有效进行,直接取决于三方面因素的契合和适应程度。因此,提高领导有效性的关键,在于最大限度地促成领导者、被领导者与环境之间的相互适应和协调。具体来说,可以采取以下两种基本途径:一是根据领导者的素质特性,选择和配置与之相适应的被领导者及组织环境;二是根据现有职工状况和企业条件,采取适合其特点与条件要求的领导作风和领导方式。

(2)领导方式

领导方式是指领导者在权力实施影响的过程中采取的行为方式,它是领导者在特定环境中,根据作用对象的特点所实施的对策性行为,因而集中体现了领导者在领导效能中的主观能动作用。根据权力定位和工作定位的不同,领导方式的类型有多种划分。

①集权型

这是一种以专制、独裁为特征的领导方式。采取这种领导方式的领导者认为,权力来自他们所处的地位和担负的职务,认为职工的本性是懒惰消极的,不愿接受约束,并害怕承担责任,因此不能予以信任,必须严格管制。基于以上的认识,领导者将权力定位于个人手中,集各种权力于一身,大权独揽,独断专行,仅依靠个人经验、能力和意志领导企业活动,同时采取强制的方式下达各种指令,强调下级的绝对服从,缺乏对职工的关心与尊重。

②民主型

这种方式强调领导的权力由企业职工群体赋予,认为被领导者是勤奋的、勇于负责的,在受到激励后能够主动协调个人行为与工作的关系,具有自我领导能力。因此,主张将权力定位于职工群体手中,使之享有充分的民主权力,鼓励职工自行决策,实现自主管理。领导者仅以劝告说服的形式,提供各项意见和建议。

③任务型

这种类型的领导者把完成工作任务作为一切活动的中心,注重建立严密的劳动组织和严格的劳动纪律,强调指标和效率,欣赏紧张有序、快节奏的工作气氛,并将全部精力和注意力集中于工作任务本身,对职工利益、要求及工作情绪等方面缺少关注。

④关系型

这种领导方式强调人是企业各项工作的中心,高度重视对职工的关心、体谅和支持,注重满足职工的各种物质和精神需要,强调维持良好群体关系的重要性。注意建立多方位的沟通渠道,利用各种机会与下级保持密切接触,同时在经营管理中主张松弛有度,以营造融洽友善的群体气氛。

⑤兼备型

这种领导方式兼有以上各种类型的特点,既强调权力的适当集中,以保持指挥的统一和企业组织的整体性;又注重必要的分权,使职工的主动性、创造性得到发挥。同时,把完成工作任务与满足职工需要放在同等的重要地位,既注重工作效率,又重视对人的关心;既有严格的管理,又维持良好的人际关系。

以上所列仅代表几种典型意义的领导方式。现实中领导者往往并不单纯采用某种典型方式,而是介于几种方式之间,采用各种不同组合的混合方式。因此,在集权与民主、关心任务与关心人等极端方式之间,形成一系列中间化、混合型的领导方式。不同的领导方式适用于不同的场合与范围,某种领导方式在一定的环境中具有明显效果,而在另一环境中则未必成功。因此,领导方式本身无优劣之分,必须根据具体情况进行选择。

5. 领导者的威信与运用

(1)领导者的威信

领导者威信的高低,直接影响管理效能。威信是在行使管理的工作实践中逐步形成的,影响威信的因素有很多,如领导者的个人因素、领导者的政绩、单位的历史传统和风气等。下面就领导者运用权力与威信之间的关系进行讨论。威信是一种心理现象,是指领导者在其工作中形成的威望、信誉,以及对职工的影响力。领导者威信高,可以使属下及职工有信心、有期望,使工作具有不断发展的心理动力。

①权力威信和信服威信

权力威信是由管理者所处的职位赋予的相应权力所产生的,有关人员必须服从和接受的威信。一个人处于一定的职位,就相应地拥有了一定的权力,这类由职位赋予的权力具有外在性质,不因领导者的个人因素而有所影响。同时,外在性权力经过法律、组织等直接或间接肯定而为社会所承认,并对权力施受双方具有控制性的约束力。掌握权力者必须在规定范围内行使权力,依权办事;接受权力者必须服从掌权者的命令、指挥和意志,二者之间是命令与服从的关系。外在性权力是领导者行使职能的组织保障。在企业组织中,领导者的外在性权力具体表现为决策权、用人权、指挥权、奖惩权等。这些权力通常以职权的形式体现出来。职权是职位与责任结合在一起的制度化权力。企业各级领导者为履行所在职位的职责,就必须拥有相应的权力。当领导调离所在职位时,其权力随之解除。实际工作中,领导者不能仅仅依靠权力去进行管理,不能只是利用组织赋予的权力去指挥、命令属下职工,尤其不能因为有了权力而不尊重人,有意无意地去伤害被领导者的自尊心和积极性。

信服威信是组织中的职工对领导者心悦诚服,自愿地接受领导者的指挥和命令而建立起来的威信。它具有内在的性质,不以社会的法律、组织规定为基础,无须外界授予,也没有正式的授权形式,仅仅来自领导者本身的因素。信服威信的高低取决于领导者的品格、知识、才能等个人素质。它对施受双方均没有强制性的约束力,掌权者没有行使这种权力的严格规范,接受者也不会因未服从而受到惩罚。

职工接受权威,承认权威,需要理智,也需要感情。情感是威信中极其重要的心理因素。如果一个领导者使职工产生"怕"的心理,职工对其"敬而远之",外表服从,内心抵制,就很难激发职工工作的积极性和主动性。因此,领导者应善于使用权力威信,通过自我修养的提高,增强信服威信,将两者有效地结合起来,提升管理效果。

②集体威信和个人威信

领导集体的威信与领导者个人的威信总是相辅相成的。一方面,领导者的个人威信越高,越有助于领导集体威信的形成和提高,集体威信必须以个人威信为基础;另一方面,个人威信又是在集体中形成并发挥其作用的,如果只追求个人威信,树立个人权威,不注意维护甚至损害集体威信,就势必恶化人际关系,影响管理效能的发挥,最后会损害个人的威信。所以,每位领导者都应自觉地维护集体威信,这样才能形成集体内的相互尊重,密切合作。

(2) 领导者威信的运用艺术

领导者威信的建立,首先决定于领导者自身的能力水平、修养、风格等。威信低的领导者,一般有以下几方面的特征:一是独断专行,对人苛刻,或是决策无方,指挥失当;二是言行不一,损公谋私,或者无所事事,得过且过;三是有职无权或是有权无责。与领导者威信密切相关的一个问题是领导者如何运用权力,即权力运用的艺术问题。如何用权,从心理学的角度,应分析权力使用者和接受者的心理状态,概括起来,应注意以下几个方面的问题。

①适时原则

领导者把权力掌握在手中,对被领导者具有一种心理效应力。一旦使用权力,如果被领导者心里不服,就会产生抗拒心理,甚至产生直接的对抗。在这种情况下,权力就没有发挥理想的心理效应。即使是必须处罚人,运用权力也要掌握时机。一般地讲,应该事先进行帮助、诱导、劝诫,直到必须利用权力时,才运用权力强制对方接受管理。这样,权力作用发挥的效果就比较好,在职工中引起的心理反应也会比较好。

②慎重原则

领导者切忌滥用权力。凡事都用权力,会严重挫伤职工的自尊心,影响到领导者的威信。所以,在运用权力的时候要十分慎重,尤其是运用处罚权力时。但慎重并不是放弃权力,使用权力时必须果断。如果对职工的错误行为采取迁就、息事宁人的态度,就会影响集体内的气氛,影响士气,甚至造成歪风泛滥。

③情理原则

合理就是坚持原则,以理服人。合情就是重视感情因素,注重以情感人。合情合理,最容易使多数人心服口服,有利于提高领导者的威信。

研究运用权力的艺术,目的在于加强管理,用正确的方法提高领导者的威信,从而提高管理效能。

## 二、激励行为

1. 激励行为

(1) 激励的概念

激励是人类活动的一种内心状态,具有激发和加强动机的功能,推动并引导行为使之朝向预定目标。通常认为,一切内心要争取获得的内容,如欲望、需要、希望、动力等都构成人的激励。激励作为一种内在的心理活动过程或状态,不具有可以直接观察的外部形态,但由于激励对人的行为具有驱动和导向作用,通过行为的表现及效果可以对激励的程度加以推断和测定。例如,两个技能相同的职工,前者完成的工作定额大大超过后者,则可以推测这个职工受到了激励。激励的这一特点,决定了激励过程总是与人的行为过程紧密结合,是在行为过程中发生和进行的。人的行为表现和行为效果很大程度上取决于他所受到的激励程度或水平。激励水平越高,行为表现越积极,行为效果也越大。

(2) 激励的原则

激励是引起行为的一种刺激,是促进行为的一种重要手段。人类的欲望具有无限性、关联性、反复性、竞争性。如果能够正确运用人类欲望的特征,就能够在满足职工欲望的同时实现组织的目标,使企业与职工双方受益。

心理学上把能满足个人需要的外在事物称为诱因,在管理上就是激励。为了实现组织目标,对职工的行为提出一定的要求,规定一些原则,尽量使职工的目标与企业的目标保持一致,需要对职工的行为进行诱导。企业领导者要了解职工目标与组织目标的差异及原因,用适当的诱因满足职工的需要,从而激发出职工的积极性。对职工的激励一般应遵循以下原则:

①组织目标的设置与满足职工的需要尽量相一致。目标本身就是一种激励,因此首先要引导职工明确目标,让职工了解他们要做的是什么,有什么意义,与个人的目前利益及长远利益有什么关系。同时,规定一定的工作标准及奖励方式,使职工都能按组织目标而努力工作。

②公司企业的行政管理政策、规章制度,要有利于发挥职工的积极性和创造力,使之成为激励因素,成为推动力,避免成为遏制力量。

③要有良好的管理方式和管理行为,实行参与制、民主管理、授权管理。学会运用影响和以身作则去推动工作,避免滥用权力。

④建立良好的人群关系。领导者与职工要相互信任、相互关心、相互尊重,上下左右要有良好的意见沟通渠道。

⑤形成良好的风气。使每个职工热爱集体,以单位为家,有光荣感,形成一种和谐的气氛。创造良好的生产条件和工作环境,保障职工的身体健康和精神愉快。

(3) 激励的方式

从大的方面来讲,激发、影响和改变一个人的行为有以下两种途径。

①外在激励方式,即针对个体需要、动机,提供能够满足个体需要的各种物质和非物质因素,以调动其积极性。主要有福利、晋升、授衔、表扬、嘉奖、认可等。

②内在激励方式,即设法影响和改变个体行为的动机。主要有学习新知识新技能的责任感、光荣感、胜任感、成就感等。

外在激励方式虽然能显著提高效果,但不易持久,处理不好有时会降低工作情绪。而内在激励方式,虽然激励过程需要较长时间,但一经激励,不仅可以提高效果,而且比较持久。因此,在实践中,两种激励方式应结合运用。

(4) 激励的程序

①了解需要。了解每个人各种需要的强度、需要的结构、满足需要的方法及需要不能满足时的思想行为反应。

②情况分析。主要是对影响个人行为的周围环境进行分析,以求改进或引导职工适应环境。

③利益兼顾。要兼顾组织、团体和个人三方面的利益。

④目标协调。达成企业目标的同时,要满足职工的需要。

在综合考虑上述几方面的情况后,要选择适当的奖励办法,采取有效的管理措施。

2. 激励模式

激励模式有许多种,这里重点介绍几种为心理学家、管理学家所比较认可的激励模式。通过对这些激励模式的分析,做到对激励模式有一般性的了解,在实际工作中做到灵活运用。

(1) 满足需要的原则、途径与方法

①满足职工需要的原则

最大限度地满足人民物质文化生活的需要是社会主义生产的根本目的,这样只是表明了一种可能的期待。而可能性并不等于现实性,要使这种可能性成为现实,领导者还要考虑满足职工需要的原则和方法。如果放弃了原则,其结果不仅不能满足职工合理的需要,还会挫伤职工的积极性。

②满足职工需求的途径

职务以外需要的满足。这种满足不是工作本身获得的,而是工作以后获得的。比如工资、奖励、福利、医疗、劳动保险以及托儿所、食堂、各种文娱场所等都属于工作之外的满足。这类需要满足具有一定的局限性,它的缺点在于工作和满足需要之间缺乏直接联系。

职务之内需要的满足。指一个人在进行工作的同时就能满足某种需要。这种满足主要是指工作环境本身,就是通过创造一个安全、舒适的工作环境,使职工觉得工作本身就是一种享受。

在满足职工需要时,不仅要考虑个人工作之外需要的满足,而且要考虑工作之内需要的满足,并且尽量把企业的经济目标与个人的生理和心理需要结合起来。

③满足职工需要的方法

从调查研究入手。调查研究是解决职工需要的一个根本出发点和前提。没有调查研究就不会了解职工的真正需要,也就谈不上需要的满足。

在调查的基础上,进行综合分析。职工的需要是多种多样的,有的是无限的,有的是有限的;有的是合理的,有的是不合理的;有的是近期的,有的是远期的,等等。在调查研究的基础上,必须认真综合分析。

作为一个管理者,要做好对人的管理,使人充分发挥工作的积极性、能动性,必须关心职工的需要,在调查研究和综合分析的基础上,做到逐步、合理地解决人的需要问题。

(2) 期望与管理

人的期望心理是客观存在的,根据期望理论,在做人的思想工作时,必须遵循人的期望心理活动规律,注意工作方法,加强疏导,把人的积极性充分调动起来。

①期望理论在管理中的应用

人们可以自觉地评价自己努力所取得的结果以及由此结果所带来的报酬。一个管理人员可以通过指点、指导和参加各种技术训练的方法,明确提高下级对努力所达到的成绩的期望。报酬必须紧密地、明确地与对组织有重要意义的行为相联系。组织中的奖励制度和具体奖励必须随个人的成绩而定。人们对其从工作中得到的报酬的评价是不同的,有的人重视薪金,有的人重视工作的挑战性。因此,管理人员应使组织的特定报酬与职工的愿望相符合。

②期望理论的具体实施

首先,树立目标,激发期望心理。为了能充分地调动职工工作的积极性,不仅要了解职工的需要,还要根据职工的需要,适时地为职工树立有一定价值的目标,这是调动职工积极性的一项重要工作。实践证明,包含精神和物质利益的目标,对职工来讲,更具有激发积极性的作用。在树立目标时,目标一定要切合实际。在树立目标时,需要考虑两方面的内容,一是目标的高低问题,目标过高,实现的可能性会降低,期望值减小,使职工望而生畏;目标过低,职工轻而易举就能完成,也会降低目标的效价。目标过高和过低,都不能调动职工的积极性。二是目标的价值问题,没有满足人们精神和物质生活需要价值的目标,不能调动职工的积极性。实践证明,适时地确立适当的目标价值是调动职工积极性的一个行之有效的方法。在为职工确立一定的目标之后,还应帮助职工努力实现目标,为职工创造条件,给希望达到目标的职工以热情的支持。

其次,运用期望值调动积极性。由于人们的经验、能力、需要等方面的不同,因而其对同一客观事物的期望概率也不一样。又由于人的期望概率常与环境和事物发展的结果出现矛盾,因此,了解、掌握人的期望概率值,有针对性地进行工作,是防止产生挫伤和出现消极因素,调动积极性的重要环节。事实证明,期望值与事物发展结果相联系时,有三种情况:一是结果小于期望值,人会产生大失所望的心理,积极性会受到挫伤;二是结果等于期望值,人会产生不出所料的心理,积极性得以保持;三是结果大于期望值,人会产生出乎意料的心理,表现为喜出望外,积极性更加高涨。当某人期望值过高,而事物发展结果又不能满足他的期望要求时,就需要帮助他认真分析主客观条件,指出不能达到期望的原因,以避免他因大失所望而产生消极情绪。

最后,把人的期望方向引导到正确轨道上来。由于人的需要、觉悟高低和所处的环境因素影响的不同,一些人期望的目标和方向会不切实际或偏离正确轨道。所以,端正、疏导以致改变期望方向的工作是重要的。例如,职工都想到好的岗位工作,因此采取走后门的方式来实现其要求,但这种行为势必影响单位的风气,也不利于个人的成长与单位工作的开展。这时,管理者可以通过安排职工轮流到各工种岗位进行锻炼的方式,让他们在工作中培养各自的兴趣、特长和能力,也使管理者对每个人的情况得以了解,然后根据实际需要和各职工的条件,安排每个人的工作。这会改变职工依靠"走后门"行为满足期望心理的状态,确立新的期望目标,焕发出积极性。

(3)挫折与管理

人处在现实社会中,需要工作和生活,要进行各种交往,不可能总是一帆风顺,随时有受到挫折的可能。在管理中,一方面应尽量消除引起职工挫折的环境,避免职工遭到不应有的挫折;另一方面,当职工受到挫折时,应尽量降低挫折所引起的不良影响,提高职工对挫折的容忍力。

①预防挫折的途径

消除产生挫折的原因。对于自然因素,有些是不可避免的,但有些是可以采取措施加以预防的,生产过程中的因素更是可以预测的。对于社会因素,应尽量引导职工适应环境,遵守法规、社会秩序、公共道德、人们的风俗习惯等,加强法制观念。对于生理因素,应考虑其个人的生理特点,使生理有缺陷的人受到尊重,不受歧视。

改善人群关系。加强个人差异管理,使职工相互信任、相互帮助、相互支持、相互尊重,建立"同是一家人"的情感。尤其是注意改善领导者与属下、管理者与被管理者之间的关系，发挥集体智慧，建立"平等"关系。如果职工之间矛盾尖锐，一时无法解决，可暂时调动一下工作岗位。

改善管理制度和管理方式。如适时调整组织结构，取消阻碍发挥职工积极性的不合理的管理制度，改善人事劳动制度和工资奖励制度，实行参与制、授权制、建议制等。

②正确地处理受挫折者的行为

首先，采取宽容的态度。对领导者来说，对受挫折者的攻击行为采取宽容的态度是很重要的。帮助受挫折者是领导者的责任之一，领导者应耐心地做思想工作，以理服人，不应采取针锋相对的反击措施来应对攻击行为。以反击行为应对攻击行为，不仅不符合互助友好的原则，而且得不到好的解决问题的效果，严重还可能激化矛盾。

其次，提高认识，分清是非。宽容的态度并不等于不分是非，领导者应当在受挫折者冷静之后，以理服人，热情帮助其提高认识，分清是非。只有这样，才能更有利于促使受挫折者变消极行为为积极行为。

再次，改变环境。改变环境的办法有两种：一是调离原工作和生活的环境，到新的环境中去；二是改变环境气氛，给受挫折者以同情和温暖。为了有效地把受挫折者的消极行为转化为积极行为，领导者必须尽量少采取惩罚措施，因为惩罚会加深挫折。

最后，正确运用精神发泄法。精神发泄法是一种心理治疗法，就是创造一种环境，使受挫折的人可以自由地表达他们受压抑的情感。人们在受到挫折时心理失去了平衡，常常以紧张情绪反应代替理智行为，只有让他们把这种紧张情绪发泄出来，他们才能恢复理智状态，达到心理平衡。精神发泄可以采用各种形式，可以让受挫折者用写申诉信的办法发泄不满，当他把不满情绪写出后，就会使心理得到平衡。也可以采取个别谈话的办法，或者让他们在一定的会议上发表意见，领导者和其他人耐心听取他们的意见，并对其正确的方面给予充分的肯定。

(4) 公平与管理

①公平理论的内容

美国管理心理学家亚当斯(John Stacey Adams)于1967年提出公平理论。公平理论指出，职工的工作动机，不仅受其所得的绝对报酬的影响，而且受到相对报酬的影响，即一个人不仅关心自己收入的绝对值(自己的实际收入)，而且关心自己收入的相对值(自己收入与他人收入的比较)。公平与否的结论源于职工对所付出代价与所得到报酬的比较。前者包括技能、经验、资历、工作成绩等；后者包括工资报酬、组织对其承认和尊重的程度、晋升、人际关系的变化等。这种比较有两种形式：一是纵向比较，即个人历史地比较，比较自己目前所付出的代价与所获得的报酬之比与自己以前所付出的代价与所获得的报酬之比是否相等；二是横向比较，即社会比较，看自己所付出的代价与所获得的报酬之比与他人所付出的代价与所获得的报酬之比是否相等。

②公平与不公平心理的产生

一般来讲，比较的结果有两种：一是比值相等，则认为是应当的、正常的，因而心情舒畅，努力工作；二是比值不等，可能目前的比值比历史或他人高，也可能比历史或他人低，因此产生不公平的心理。出现不公平感时，人习惯上采取行为调节的方式，即用劳动付出量来调节。一般性措施包括:通过自我解释,达到自我安慰,如通过曲解自己的收支或曲解别人的收支,主观上造成一种公平的假象,消除不公平感;采取一定行为,努力改变别人的收支状况;采取一定行为,努力改变自己的收支状况,如通过消极怠工、减少支出的手段或要求增加收入的手段等;选择另一种比较,获得主观上的公平感,如换一个人进行比较;发牢骚,泄怨气,制造人际矛盾。

实践证明,公平理论所描述的关于公平的感受是一种普遍的心理现象。它广泛存在于企业环境中,并直接作用于职工的行为过程,影响职工的工作积极性。为实现有效的激励,管理者必须深入了解职工对其劳动报酬是否感到公平,并通过合理分配报酬、调节奖励标准与形式、纠正认知偏差、适当减少比较机会等方式消除不公平感,力求使每个职工都得到公平合理的报酬和待遇,进而增加其满足感,激发其积极性。

(5)人性与管理

西方管理心理学家对人性的假设,有经济人、社会人、自我实现人和复杂人四种。在现实生活中,虽然一个人并不一定绝对地表现为哪一种,但对于每个人,在一定的时期和一定的环境下都可能在某一方面表现得比较突出。因此,从人性的四种假设中,实施一定的管理,有可能达到管理的目的。

①对经济人的管理

管理工作的重点放在提高生产率、完成生产任务上,忽视对人的感情和道义上应负的责任。简单地说,就是重视完成任务,不考虑人的感情。管理工作只是少数人的事,与职工无关,职工的主要任务是听从管理者的指挥。在奖励制度方面,主要用金钱来刺激职工的生产积极性,同时对消极怠工者采用严厉的惩罚措施。

②对社会人的管理

管理人员不应只重视生产任务的完成,而应把注意的重点放在关心人、满足人的需要上。管理人员不能只重视指挥、监督、计划、控制和组织等职能工作,更应重视职工之间的关系,培养和形成职工的归属感和整体感。在实行奖励时,提倡集体的奖励制度,而不主张个人奖励制度。管理人员的职能应有所改变,不应只限于制订计划、组织工序、检查产品,而应在职工与上级之间起到联络人的作用。管理人员一方面要倾听职工的意见和了解职工的思想感情,另一方面,将工作中出现的问题向上级反映,就职工提出的要求向上级或有关方面呼吁。

③对自我实现人的管理

重视管理重点的转变,把注意的重点从人的身上转移到工作环境上,创造一种适宜的工作环境、工作条件,使职工能在这种条件下充分挖掘自己的潜力,充分发挥自己的才能,充分地实现自我。重视管理人员职能的转变,管理人员的主要任务在于为发挥人的才智创造适宜的条件,减少和消除职工自我实现过程中所遇到的障碍。重视奖励方式的转变,奖励可划分为两方面,一是外在奖励,例如工资、晋升、良好的人际关系等;二是内在奖励,即在工作中获得知识、增长才干、充分发挥自己的潜力等。只有内在奖励才能满足人的自尊和自我实现的需要,从而大大地调动职工的积极性。管理者的任务只是在于创造一个适当的环境,一个可以允许和鼓励每一个职工都能从工作中得到"内在奖励"的环境。重视管理制度的改变,管理制度能够保证职工充分地表露自己的才能,达到自己所希望的成就。

④对复杂人的管理

从复杂人的假设而提出的权变理论,要求根据具体的人的不同情况,灵活地采取不同的管理措施。就是因人而异,因事而异。这就要求管理人员善于观察职工之间的个别差异,根据具体情况采取灵活多变的管理方法。

3. 激励的强化方法

强化是通过外力来干预某种刺激与行为,使之能够重复出现。强化按其作用可划分为两种:一是正强化,即对某种行为给予肯定或奖励,使行为巩固、保持;二是负强化,即对某种行为给予否定或惩罚,使之减弱、消退。如果说,引起一种行为是靠动机的话,巩固、保持这个行为或减弱、消退这个行为就是靠强化。没有强化,不可能有正确的行为。利用强化达到预定的行为结果,可采用以下方法。

①设置鼓舞人心的目标

一个鼓舞人心的目标,不仅可以激发人的动机,而且可以强化行为。明确了目标,在生产中就会时刻把自己的行动与目标相联系,目标就是人们行为活动在不同的阶段上所要达到的预期结果。

②采用渐近法

即根据人的认识规律,把一个复杂的行为过程分解成许多小的阶段,逐步加以完成。这可以使职工树立信心,加强工作的计划性,也可以使职工适时了解自己的工作成果。

③信息及时反馈

及时进行信息反馈,可使职工随时知道自己行为活动的结果如何,这样就可以针对问题,分析原因,及时改进,以达到修正行为、不断改进工作的目的。

④个人需要的满足

行为是由动机引起的,而动机是由需要激发的,这是客观规律。加强管理工作,调动职工积极性,使每个职工保持旺盛的士气,就要按照职工心理活动的规律,承认其需要,满足其需要,以激发他们的动机,强化行为。对于不能满足的需要,要做好工作,避免产生消极情绪。

## 第四节 客运管理人员的问题行为分析

### 一、问题行为及其产生原因

1. 问题行为

客运管理工作中,一个非常重要的问题是如何正确对待和处理客运服务人员中出现的"问题行为"。每一个客运服务部门,都会存在一些使领导者感到"很成问题"的职工行为,这些行为叫作问题行为。

问题行为主要表现为两种,一是有些问题行为表现得很明显、很激烈,如有人公然违章违纪,侵犯旅客和同事的利益,顶撞领导的命令,惹是生非等,这属于"攻击性问题行为";二是有些问题行为表现得不明显、不激烈,如对工作消极、冷淡、无精打采,领导者常常感到不知道他整天在想些什么,这属于"退缩性问题行为"。

无论是攻击性问题行为还是退缩性问题行为,都会给工作和职工本身带来危害,给管理带来困难。因此,领导者研究职工中的问题行为,不仅要看到这些行为的表现方式及危害性,更要分析导致问题行为发生的个人因素和环境因素,正确对待和处理职工中的问题行为,促使消极因素向积极因素转化。问题行为解决得好不好,在很大程度上影响领导者的威信和工作的效能。

2. 问题行为产生的原因

心理学认为需要诱发动机,动机促成行为。因此,人的一切行为都是以人的需要为基础的,人要满足自己的需要,就会产生行为。但需要满足的方式是不同的,可能有的是合理、正当的方式,有的是不合理、不正当的方式。例如,一位列车服务人员,为了满足获得社会荣誉的需要而努力工作,刻苦学习,积极主动、满腔热情地为旅客服务,这是合理、正当的方式;如果采取弄虚作假、骗取信任等手段获得荣誉,这就是不合理、不正当的方式。

客运服务人员有多种多样的需要,如工作的需要、改善物质生活条件的需要、婚恋的需要、文化娱乐的需要、学习的需要、尊重的需要、表现自己才能的需要、社会荣誉的需要、交朋择友需要等等。这些需要都是正当、基本的需要。作为管理者,应当承认客运服务人员的这些需要是正当、合理的,而且要创造条件帮助职工满足这些需要。但是,这些需要不是都能顺利得到满足的,它受制于许多条件。而且,当职工通过自己的努力去满足这些需要时,可能会遇到如何对待个人利益与集体利益和国家利益的关系问题,如何看待眼前利益和长远利益的关系问题。这些问题的实质,就在于职工本人能不能正确处理这些关系,以及他采取什么样的行为方式对待这些问题。心理学认为,无论是正当的行为方式,还是不正当的行为方式,都是"学习"的结果,即主要是尝试和模仿的结果。一些问题行为,正是这种原因造成的。例如,一个职工想提高工资,但不知道用什么方式来满足这种需要,他就开始进行尝试学习,如果尝试的结果获得成功,那么行为就会被强化。有人看到某些管理人员"怕闹","闹得凶就给涨工资",于是每到晋升工资或有其他利益时,就"闹"起来。不光自己尝试着闹,还模仿他人的方式闹,这种模仿学习可以使人的行为得到"替代的强化"。这会使一些人跟着闹起来,这就是模仿学习的结果。

管理者对待职工的问题行为,需要进行研究。首先,要研究"需要",即某些职工所出现的问题行为是为了满足什么需要;其次,研究"方式",即职工为满足上述需要采取的行为方式,哪些是合理、正当的,哪些是不合理、不正当的;最后,再进一步研究这些行为方式是如何形成的,只有分析清楚问题行为产生的原因,才能有效地处理、解决职工的问题行为。

问题行为产生的过程,总是伴随着挫折的产生,对挫折能否正确对待,决定了问题行为的结果。职工为满足需要而进行活动,并不总是能够如愿以偿地实现其需要,遭受挫折的情况是常常发生的。挫折是一种复杂的心理体验,其中包括未能满足需要的失望,行为受到阻碍而引起的愤怒,对自己采取错误行为而引起的悔恨,以及对挫折可能引起的不良反应的担忧等等。挫折感会扰乱人的内心状态的平衡,往往使人做出有失理智的行为。所以,遭受挫折之后,容易产生问题行为。当一个职工用正当方式未能满足其需要而遭受挫折时,就可能出现"退化"现象,即转而采取非正当手段和方式去满足其需要,这种由挫折之后所产生的问题行为是非常常见的。

但并非遭受挫折就一定会产生问题行为,如果一个人很理智,就会化挫折感为动力,继续以正当的方式去追求需要的满足,在对待挫折过程中变得更为成熟,更加坚强,不会因挫折而"退化",而会因挫折得到"升华"。有些职工往往通过合理化的心理过程,把自己准备或已经采取的不合理、不正当方式解释成合理的,以减轻自己的心理压力。例如,一位客运服务人员依靠正当的经济收入满足不了自己想要尽快提高物质生活水平的需要,于是就产生了利用工作之便,通过违法乱纪的非正当方式和手段来满足需要的想法。这种牟取不义之财的想法会引起他内心的矛盾和斗争,但是如果他缺乏自我批评的觉悟,不是经过斗争而放弃这种心理,反而用"这算不得不义之财,最多是利用职务之便得点小便宜"或"别人干得更凶,我这不算什么"或"只此一次,下不为例"等自我欺骗、自我安慰的话语把自己的错误动机"合理化",从而发生问题行为。而如果他有觉悟,讲政治,讲正气,就会通过思想斗争,抑制和取消不正当的想法,避免问题行为的发生。

## 二、对待问题行为的原则

出现了问题行为,管理者一定要处理,不处理而任其放纵,会产生严重的后果,同时,不处理也是管理者失职的表现。但处理要有原则,一般地讲,应该实事求是,因势利导,讲究批评的艺术,正确运用惩罚。

### 1. 多发现职工的长处,坚持正面教育为主

每个人都有优点,客运管理人员要十分重视职工好的表现,多注意职工身上的积极因素,而不要只注重职工的问题行为。这样,职工就容易对管理者产生好感,管理者在问题行为的处理中才能够得到职工的支持,易于使产生问题行为的职工心服口服。如果不注意职工好的表现,不表扬,而一味地"挑毛病",就会引起职工的反感,降低管理者的影响力。同时,一个管理者只看到职工的缺点,还会使职工因怕出错而丧失工作的主动性和创造性,产生"不求有功,但求无过"的心理。强调正面性原则,有利于职工对管理者产生亲近感和认同感,减少问题行为的发生。

### 2. 冷静全面地分析问题行为,善于因势利导

对待职工中的问题行为,切忌简单化。一定要认真分析造成问题行为的主观因素和客观因素、远因和近因、性质和程度。从分析中,抓住问题的关键,寻找解决问题的途径,并创造良好的客观环境,促使职工的问题行为向积极方面转化。因势利导就是在分析的基础上,讲清道理,帮助职工分清什么是高尚的、正当的需要,什么是庸俗的、不正当的需要。只有追求满足需要的方式与"合理"相统一时,个人才能做到"心安理得"。讲道理要"因势",即顺应心理活动和行为变化所固有的规律和趋势,顺应人对合理需要的追求;"利导"就是要把职工的心理活动和行为引导到有利于国家、企业的方向上来。不注意因势利导,只讲空洞的大道理,是难以服人的,也难以纠正问题行为。

### 3. 坚持预防为主,正确运用惩罚

预防为主就是尽量创造条件,使客运服务人员能通过正当方式来满足自己的需要,想方设法帮助职工解决各种实际问题,全面关心职工的学习、工作、生活、娱乐等等,防止职工以不正当方式去追求需要的满足。同时,要特别注意做好受到挫折的职工的思想工作,研究职工思想变化的规律。例如,在职工情绪低落时,职工之间发生矛盾纠纷时,遇到较大的生活困难时,管理者应积极、主动地做职工的工作,在其生活变化或受到挫折时给予必要的关心、帮助和指导,以防止或减少问题行为的发生。

当发生必须处理的问题行为时,就必须给予惩罚。强调正面教育为主,预防为主,并不

是取消惩罚措施,而是要慎重使用惩罚手段。惩罚对于预防问题行为和矫正问题行为是一种必要的手段。在对待问题行为时,将其作为辅助,与其他方法相配合,以得到良好的效果。运用惩罚的最终目的是通过惩罚使职工认识到自己的问题行为的严重后果,使其不再发生类似的行为。为了维护国家、集体利益,为了严肃客运群体的纪律,对严重违反规章制度的个人,必须给予惩罚。

4.讲究批评艺术,提高批评的效能

批评是管理者对犯有错误的职工的一种警告、帮助和矫正的手段。为了使批评得到预期的效果,应特别注意批评的艺术。运用批评手段时,应注意以下几个问题。

①及时性

及时性是指对犯错误的职工要及时指出其错误并进行批评,防止矛盾双方对错误事实记忆上存在分歧而发生争执,迅速纠正错误以利工作的进行,不能"秋后算账"。

②场合性

场合性是指应尽可能通过个别谈话或小范围的生活会进行批评,非十分必要时,一般不在大庭广众之下批评一个职工,以防止职工为"面子"而产生直接的抵触行为。

③针对性

针对性是指对错误的批评一般应"就事论事",即批评的内容要具体、集中,不宜"新账老账一起算",特别防止把主要的与次要的、现在的与过去的混合在一起,把犯错误者说得一无是处。另外,谁发生的问题就说谁的问题,不要与他人攀比,如果讲很多他人多么好,你如何差,就会引起受批评者的反感。在气氛融洽时,也可以引导一下犯错误的职工向先进学习,但批评的目的首先是解决具体问题。

④适当性

适当性是指批评到一定程度,对方开始考虑管理者的意见时,要适可而止,不要没完没了地批评,允许对方有思考的时间。适当性还包括要避开职工正在情绪激烈时进行批评,在情绪激烈时对他进行批评,可能造成职工产生不理智的行为而不能达到批评的目的。管理者不应计较职工一时的态度,应寻找职工比较冷静的时候给予适时、适当的批评。

正确处理职工的问题行为,努力提高管理者自身的批评艺术,坚持正面教育为主,预防为主的方针,就会比较容易地创造和谐向上的群体氛围,减少问题行为的产生,促使后进职工向先进转化。尽可能地调动一切客运服务人员的积极性,这是客运管理中一项十分重要的任务,是提高管理效能的一个重要方面。

**三、沟通"十诫"原则**

问题行为的产生有许多方面是由于管理者与职工之间的信息、感情等方面的沟通发生障碍所造成。组织内部的管理者,要作风民主,平易近人,善于倾听不同意见,鼓励下级成员大胆提出批评和建议,这样可以消除双方的紧张感和拘束感,形成轻松和谐的环境和氛围,也就可以避免问题行为的产生,即使问题行为产生了,也可以有效地加以解决。欧美公共关系界总结实践经验,提出了改善组织沟通的十项建议,对客运管理者具有借鉴作用。

①沟通前做好准备,预备可能发生的事件及其应变措施。

②认真考虑本次沟通的真正目的,选择适当的沟通语言和沟通方式。

③全面审查沟通的环境和氛围因素。
④沟通的信息内容准确客观。
⑤善于利用最有利的沟通时间。
⑥重视沟通中的体态语言。
⑦信息沟通发送者应言行一致,讲究信用。
⑧克服不良的聆听习惯,学会做一个"好听众"。
⑨重视沟通中信息接收者的反馈。
⑩在正确运用语言文字时,酌情使用图表、数据和实物资料以说服对方。

问题行为的解决,依赖多方面条件。客运管理人员可能只对其中少部分条件有影响力。这样,就需要领导者从实际出发,立足于关心人、尊重人、理解人的角度,以朋友的身份,用人格的魅力,采取适当的方法,求得问题的解决。

# 第六章　客运服务工作的要点及案例分析

在每天的轨道交通服务工作中,每位客运服务人员都要接待成千上万的乘客。在接待过程中,有时往往因为一句不负责任的话、一个不规范的动作、一种生硬的态度而引起乘客的不满,导致乘客投诉,极大地损害了轨道交通客运服务人员在广大乘客中的形象。此章通过列举城市轨道交通、传统铁路、城际铁路中的典型服务案例,并对其进行深入分析。以便于提高服务人员的服务意识和服务技巧,把标准落实到每一项服务工作细节中,为旅客提供更快捷、更优质、更热情、更周到的服务,切实做到想旅客之所想,做旅客之所需,解旅客之所难,同时维护好旅客运输的秩序规范。

## 第一节　城市轨道交通客运服务

城市轨道交通是城市中用于客运的公共交通系统之一,是城市公共交通的骨干。轨道列车间隔时间短,乘客上下车频繁,客运量大。搭乘城市轨道交通的乘客将此作为日常出行的工具,对进站、候车、乘车、出站各个过程以快捷方便,追求时效为要求,希望客运服务可以为他们开辟"绿色"通道。

**案例分析一**

2018年11月19日星期一下午四点左右,在6号线汉正街地铁口B口进站刷卡处,几位乘客因为是第一次使用手机刷码,所以不是很熟悉。乘客咨询旁边的女乘务员,询问为什么进不去,她就说了一句不能进,然后就在旁边一声不吭。乘客在投诉中提出:乘务人员站在那里是干什么的?丢人现眼吗?相关部门必须整顿地铁工作人员的工作态度,也请相关部门调查清楚这个时间站在进站口的是哪家的大小姐!

**事件分析**

①从工作人员角度分析

进站口的乘务人员要为乘客进站提供帮助服务,维持进站的良好秩序。案例中的乘务人员面对乘客的正当询问,漠不关心,没有及时给出合理的解释和帮助,这样的服务态度直接导致了投诉的发生。

②从乘客角度分析

乘客对于站务流程、新式进站工具的操作程序等不一定完全熟悉,在乘车过程中期望得到工作人员的帮助和引导。案例中,工作人员的服务态度与乘客的服务期望有显著差距,而且直接影响了乘客希望顺利进站、方便乘车的心理需求,所以产生不满情绪,投诉工作人员。

**服务技巧**

乘客在服务中希望得到尊重,长期以来,多数的投诉都是由于服务人员缺乏主观能动性,回答乘客的问题过于冷漠简单。工作人员应当理解乘客的服务期望和心理需求,在乘客提出疑问时,热心解答,主动提供帮助;即使乘客没有主动询问,工作人员也应密切关注乘客的进站乘车状况,观察乘客的言行举止,及时发现并服务于可能遇到麻烦的乘客,让他们感受到服务人员的主动性、亲切性。

**案例分析二**

2010年1月,有两位乘客持同一张公交一卡通进站,一名乘客刷卡进站后,把一卡通给了同行的人,另外一名乘客无法刷卡进站。因客流量较多,排队人数过多,站务员没有问清原因,直接对该张一卡通进行了进站更新,另外一名乘客也顺利进站。但出站时被站务员发现,乘客很不满意,认为已经刷过两次并扣完钱了,坚持不肯补票,站务员却认为他们违规使用车票,故意逃票。

**事件分析**

①从站务员角度分析

"排队等待"是人们接受服务过程当中所经历的一种普遍现象,它在我们的生活当中经常出现,几乎不可避免。每个人都或多或少地经历过排队等待的情况,如超市购物后排队等待结账,到银行排队等待取钱,到理发店等待理发等等。几乎没有人喜欢等待,等待意味着时间的浪费,效率的低下,也不可避免地使人感到烦躁和沮丧。站务员在客流量比较大的情况下,为了避免乘客因等候时间过长产生焦虑则会采取一些特殊的方法缓解这种情况带来的不良影响。然而在此案例中,站务员并没有仔细询问乘客,了解其中的原因就直接帮助乘客更新车票,乘客一票多人进站,为后来产生的摩擦埋下了种子。出站的时候,站务员更是主观意识过强,认为是乘客故意逃票,导致乘客和站务员的纠纷升级。

②从乘客的角度分析

我们在生活中对每件事情都有一个期待,但是实际的结果和期待未必总是一样的,期待和实际结果之间的差别叫落差。一开始进站的时候,站务员为了不让乘客等候时间过长而采取一些措施帮助乘客快速进站,此时乘客感受到的是站务员的热心助人,站务员的这种形象就在乘客的脑海中留存了下来。可是,出站的时候结果却大大不同,站务员误以为乘客一票多人进站,拦住了乘客,让其补票,乘客的心理产生了很大的落差感,同时并不清楚票务政策,认为已经扣过两次钱,不需要补票导致了乘客与站务员的争执。

**服务技巧**

首先,站务岗应该加强培养工作人员的基本工作能力、应对特殊事件的能力以及沟通交流的能力,确保工作人员能恰当有礼地为乘客提供应尽的服务,乘客也能够感受到工作人员的热情。如遇客流量较高的情况,工作人员应该灵活变通,减少一些非必要的检查措施以保障乘客的快速进出,减少乘客的焦虑与烦躁感,提高出行的效率。其次,在灵活变通的同时也要遵守一定的基本规章制度,确保在规章制度允许的范围内处理事件。最后,工作人员在处理乘客车票问题的时候应该加强工作的责任心,当乘客持一卡通无法进站时,应确认乘客是否一票多人进站;同时,在没有调查清楚的情况下不能主观臆断,应该礼貌地与乘客沟通,了解其原因,并且主动向乘客做好票务政策相关内容的解释,在沟通的过程中应该有耐心并且使用文明用语,不宜让乘客感受到工作人员不耐烦或傲慢冷淡的态度。

**案例分析三**

2009年1月，××车站的客服中心前排起了长队，因为有一位乘客丢失贵重物品请求工作人员的帮助。当工作人员好不容易办完了此项业务，刚要给排队的乘客办理售票时，另一名工作人员带领一位乘客过来，说明该位乘客的票不能出站，售票员随即给这位乘客处理问题。此时，排在队首的乘客变得不满，质问道："你们怎么做服务的，怎么先给后来的人服务啊？"售票员急忙解释："按公司规定，我们需要先为不能出站的乘客服务。"乘客不听解释，说："让你们领导过来，我要投诉。"恰好值班站长经过，听了售票员的解释以后，对乘客说："您好，我们的售票员没有做错，公司确实是这样规定的。"乘客不满意，继续进行投诉。

**事件分析**

①从工作人员的角度分析

乘客丢失了贵重物品请求工作人员帮助，工作人员本着"乘客至上"的原则，理应优先为有需求的乘客提供贴心的服务。但是在为乘客提供服务的过程中，工作人员考虑问题不够全面，没有顾及其他乘客的心态，也没有向其他乘客解释为什么要优先为后来者先提供服务。在这种情况下，乘客的心理就容易产生落差感，感受到不公平的待遇，最终导致乘客产生不满情绪，与工作人员产生了矛盾。

②从乘客角度分析

乘客在此事件中感受到了不公平的待遇，落差感引发了不满的情绪。且在此情况下，售票员并没有给乘客一个合理的解释，对乘客不够有耐心。在乘客产生不满情绪时，工作人员并没有第一时间察觉到乘客情绪的转变，使得乘客最初不满情绪的火苗被点燃，演变成了愤怒，最终导致了投诉。

**服务技巧**

售票员在为丢失物品的乘客服务的过程中，花费的时间与精力会很多，这时候售票员放在排队队伍上的精力就很有限，无法全身心地为其他乘客提供优质的服务。这个时候，售票员应该第一时间与车站控制室联系，寻求其他工作人员的支持帮助。

如在服务时，已觉察到其他乘客的不满情绪，应该第一时间与负责人汇报，汇报的时候应该说明具体的原因，以及需要提供帮助的方式，做到更精确有效的协助。同时，应该尽可能地安抚乘客，向其说明缘由，避免乘客的不满情绪因被怠慢而不断扩大，而不是匆匆忙忙用一句规定就作为对乘客的解释，推卸自己的责任。如果事件超出了自己的处理能力范围，应该及时通知值班站长，让有经验的管理人员处理这类事件。值班站长在解释过程中，也不应该直接生硬地告诉乘客该售票员的做法没有错误，而是应该及时表示歉意，并委婉详细地向乘客解释，给乘客一个台阶下。

**案例分析四**

2010年2月，有一名乘客认为在大概半小时以前售票员少找给他五十元钱，售票员在听取情况后，个人认为不会少找钱给乘客，所以给予否认。乘客很激动，开始指责售票员的不是，并要求找值班站长投诉。

**事件分析**

①从工作人员角度分析

首先售票人员并没有严格地按照标准的售票作业程序进行工作,因为标准的售票作业程序中有一条准则:售票过程中找零应该提醒乘客当面点清票款。其次,售票员在售票的过程中不够细心,导致少找钱给乘客,是和乘客发生纠纷的主要原因。

②从乘客角度分析

乘客在购票找零的时候,自己并没有仔细清点找零数目是否正确,离开柜台之后才发觉自己的找零数目有问题。在乘客因为少找钱的原因与售票员沟通的时候,售票员并没有认真地安抚乘客的情绪,反而一口咬定没有出现少找钱的情况,乘客感受到了售票员冷淡的态度,导致了不满的情绪,引发了争执。

**服务技巧**

售票员应该严格按照标准售票作业程序进行工作,并提醒乘客当面点清票款。当乘客认为票款不符时,应耐心地向乘客解释:"对不起,我们的票款是当面点清的,请您再确认一下,您的票款是否正确,多谢。"如果乘客坚持认为少找钱,需要请求上报车站控制室进行查账,最终确定乘客的反映是否属实。如果属实,则需要向乘客道歉,并退还少找的钱款;如果不属实,应该耐心地向乘客解释,做好安抚工作:"对不起,经我们查实,我们的票款没有差错,请您谅解。"如果乘客继续为难工作人员,可以请求公安的配合。

**案例分析五**

某日,一位妈妈带着孩子在站台上候车,孩子刚喝完饮料,妈妈随手就将饮料瓶扔到了地上,给孩子擦完嘴之后,又随即把纸巾扔到了地上。站务员上前制止,要求其捡起东西扔到垃圾桶里,并且嘀咕道:"真没素质,孩子还在身边呢,以后怎么教育孩子?"这位乘客不乐意,和站务员争吵了起来。

**事件分析**

①从工作人员角度分析

首先,工作人员制止乘客乱扔东西的行为值得肯定,维护公共环境卫生是每个人应尽的责任。其次,在看到乘客乱扔垃圾的时候,工作人员不应该带有很强烈的主观情绪,辱骂乘客没有素质,这样会显得得理不饶人,让乘客觉得难堪,激怒乘客造成矛盾升级。

②从乘客角度分析

乱扔饮料瓶的现象在现如今很普遍,但普遍存在的问题并不代表存在的合理性,乱扔垃圾会造成环境的污染,保护环境是每个公民应有的意识。乘客并没有主人翁的意识,并不觉得这种行为有什么不妥,所以在被工作人员指责的时候觉得对方多管闲事,且丢了面子,导致了矛盾的激化。

**服务技巧**

在发现乘客有违规行为时,要特别注意服务态度,使用礼貌用语。我们要以宽容的心对待乘客的错误,耐心地对乘客进行解释教育和提醒,给乘客一个承认错误、改正错误的机会。

**案例分析六**

某日,客流高峰期,乘客非常多。车门即将关闭的提示音已经响起,一位乘客企图冲上车,被站务员拦住了(因为站务员觉得很危险,拽了这个乘客一下,可能是弄痛了乘客)。这位乘客非常气愤,直接就骂了句粗话,说:"你以为你是谁啊,你凭什么拉我,弄伤了你负责啊,……"站务员态度也不是很好,回了一句:"你没看见车门关上了呀!"两个人争吵了起来……

**事件分析**

①从工作人员角度分析

客流高峰期人员拥挤,很有可能造成人员伤亡的现象。工作人员看到车门即将关闭,却有乘客硬要挤上去时,很自然地想到可能出现的意外状况。出于责任心,工作人员阻止乘客上车,避免潜在的危险,这个出发点是好的,应该予以鼓励。但是,在这起案例中,站务员的态度不是很好,且和乘客发生了直接的碰撞,导致了其与乘客的争吵。

②从乘客角度分析

乘客一心想赶上车,并没有考虑很多潜在的风险因素,如:被车门夹住,在列车高速运行的状态下,很容易导致伤亡。乘客在面对工作人员的阻拦时并没有考虑到这点,反而觉得是工作人员的阻拦让自己没有赶上车,并且在阻拦的过程中,乘客因为工作人员的粗鲁动作,而感受到了心理和生理上的伤害,最终导致了争吵。

**服务技巧**

在阻止乘客上车时,应尽量避免和乘客发生直接碰触,减少纠纷的发生。在遇见有乘客说粗话骂人时,我们不应该给予直接反击,只能提醒乘客,否则只能使冲突升级。

**案例分析七**

2018年7月25号,一乘客乘坐9点15分从广州南轻轨站到江门东的C7223班车回江门。上车睡了一会儿之后醒了看到停站了,北滘站,因为第一次坐轻轨很多站点什么的都不清楚,想着北滘离目的地那边还比江门东近,就跑去问乘务员这里是不是江门的北滘。乘务员听不懂粤语,乘客还用普通话再说了一遍,乘务员说是的,然后乘客就下车了。结果下车后发现,居然是顺德北滘站,人生地不熟,都没来过这里!乘客觉得乘务员太不靠谱,作为一个乘务员不是应该熟悉最基本的站台信息的吗?如果都这样怎么指引那些第一次坐轻轨的人?乘客投诉表示:希望有关部门加强一下乘务员的素质并进行培训,不要再有相类似的事情发生。

**事件分析**

乘客出现下错车的情况,自身有一定责任,但与工作人员不够清晰、准确、周到的服务有直接关系。乘客对轨道交通的站点信息、到站时间等可能不够了解,在乘车过程中会有慌乱无措的情绪,渴望得到工作人员的引导和帮助。然而案例中的乘务员随意应答,给了乘客错误的信息,导致乘客陷入人生地不熟的境地,对客运服务产生极大的不满。

**服务技巧**

乘客在旅行中希望顺畅地到达目的地,对于行程中的意外会产生恐慌、害怕、茫然、不安等情绪。作为工作人员,要对线路的站点信息、时间信息等极为熟悉,能够耐心尽责地引导乘客上下车、进出站;遇到乘客出现问题时,及时提供有帮助的信息,护送乘客前往目的地。

## 第二节　传统铁路客运服务

传统铁路是指包括普通列车、动车、高铁等在城市之间通行的较长途运输系统。旅客的出行目的、职业划分、旅行情况、自身情况等各方面是复杂多样的，因此，其对工作人员的服务要求也更加多元，更加严格。

**案例分析八**

某日，一名男性乘客拿着伤残军人证换福利票，经售票员辨认是伪造证件。售票员丝毫没有顾及乘客面子，大声指出该证件是伪造的，不同意为其换取福利票，乘客觉得没有面子，开口就骂"……，我的证件没有问题，……"和售票员吵了起来，影响了售票员对后面乘客的服务。一分钟之后，站务员请求值班站长协助处理，乘客边骂边离开了车站。

**事件分析**

①从工作人员角度分析

依据《铁路安全管理条例》第六十四条的规定：铁路运输企业应当采取有效措施为旅客实名购票、乘车提供便利，并加强对旅客身份信息的保护。如果旅客在买票、进站等环节，铁路运输企业已经进行了身份证、车票等查验，为旅客方便，不宜在旅客上车后再次进行查验。如果确有需要，乘务人员也应事先向旅客讲述清楚，不是单纯查验旅客的身份证，而是进行身份证、车票实名验证。在此事件中，工作人员觉察到乘客身份有造假的嫌疑，有权查看并核实乘客身份信息的真伪。但是，即便乘客确实伪造了假的身份，工作人员也应该采用更加灵活的方式处理这类事件，注意处理事件的场合和用语，不宜伤及乘客颜面，如果乘客还是不配合工作，再采取相应的强制措施。

②从乘客角度分析

乘客利用伪造的伤残军人证件换取福利票，在被工作人员揭穿后觉得面子挂不住，辱骂工作人员且影响后面乘客的服务，这种行为本身就是违法且影响公共社会秩序的行为。

**服务技巧**

伪造证件属于违法行为，对此种行为零容忍。但是，出于全面考虑，在处理此类事件的时候，应尽量不要扰乱公共秩序，不要让这种行为影响到其他乘客应有的服务体验，必要的时候可以请求公安机关人员协助处理。

**案例分析九**

1月29日，张女士准备乘坐开往福州的动车，这是她第一次乘坐动车。张女士手里只拿了一个小小的女士挎包，看到别人将行李、挎包放在安检履带上检查，由于担心自己的挎包被损坏，便问旁边一个年轻的女安检员：能否把挎包直接带过安检关卡？但被告知"不行"。张女士小声嘀咕："这么小小的包都要过安检？我以前坐飞机都没这么麻烦。"安检员直接顶了一句："那你去坐飞机啊。"张女士因安检员的语气不好，就回了一句："你这样的服务态度好像不太对吧，你工号是多少？"对方却说"我没工号"，还把头转了过去。张女士看到女安检员制服胸前有一串数字，立即掏出手机拍摄。女安检员赶紧伸手遮挡，并顺势拍打了张女士的手，手机掉落在地上，电池等部件散落在地，屏幕也碎了。一气之下，张女士抬腿去踢安检员。推搡间,旁边的安检员过来劝和。随后,执勤民警赶到,由于动车发车时刻将近,民警安抚张女士先上车,并表示将调查处理此事。"我踢人是不对,但作为车站服务人员,这种服务态度也太差劲了!"抵达福州后,张女士气仍难消。

**事件分析**

①从工作人员角度分析

安检是维护车站安全的重要环节,工作人员按照规范标准对乘客及其行李进行严格的例行检查是无可厚非的。但是,工作人员在严守标准的同时,应以和善的态度向乘客耐心解释例行安检的必要性,妥善应对乘客的不理解、不配合,保持良好的服务态度。出现纠纷时,应保持冷静,及时向乘客致以歉意并再次耐心强调规范,使乘客从心理上乐于接受安检,平息事态。

②从乘客角度分析

乘客对于安检的流程以及重要性不一定有非常清晰的认识,在乘车过程中,需要工作人员常常提醒,细细说明,由工作人员维持乘车的正常秩序。面对工作人员的服务态度等出现问题时,乘客的情绪容易有较大起伏,这时候有权利维护自己的利益。但是,乘客对于例行检查等合理要求,应积极配合。

**服务技巧**

在维护车站正常秩序、保护车站安全的相关工作方面,乘客的行为更容易受到自身心理因素的影响,对规章制度存在误解,在接受工作人员的规劝时会心理失衡,对流程表示不满。而车站的工作人员对工作内容熟悉,安全意识强,所以在处事中严格遵守规章制度,理智感是其行为的决定因素。两者之间由于观念的冲突,容易发生纷争。

工作人员在面对乘客的不解时,要保持"微笑服务",从心理上拉近与乘客的距离,礼貌、耐心地为乘客提供必要的解释,使乘客能安心接受检查。工作人员的服务态度,在一定程度上决定了乘客是否愿意接受其安排,这也是乘客与工作人员间出现纠纷的重要因素。面对态度强硬的乘客,工作人员在耐心劝说无效后,应阻止乘客进站,并及时上报且通知治安管理人员,协同处理。

## 案例分析十

2016年5月27日15时43分许,韶山远东钢模厂负责人张某及其妻子苏某在韶山高铁南站持5月26日G1376次网购车票进站。因票已过期,工作人员田某拒绝苏某进站,双方发生冲突,工作人员刘某也参与打架,苏某与张某均被打伤。苏某打电话向厂里求助,随后30余名员工到达现场。事件共导致9人受伤,其中高铁南站客运人员5人受伤(其中1人轻伤一级,4人轻微伤)。韶山远东钢模厂人员4人受伤(均轻微伤)。

**事件分析**

①从工作人员角度分析

根据《铁路旅客运输规程》的规定,铁路有权拒绝持失效车票的旅客进站乘车。工作人员遇到这种情绪不稳、处事极端的特殊旅客,一方面要严格遵照规定,另一方面要根据旅客气质特点,冷静应对,保持和善的态度,回避冲突,而不是直接以打架方式激化矛盾,必要时应及时汇报,请求相关人员协助。

② 从乘客角度分析

旅客在持过期车票情况下，不觉理亏，执意要求进站上车，公然叫嚣，违反铁路运输规章制度。且与工作人员扭打，呼喝三十余人，聚众斗殴，殴打工作人员，构成人身伤害，影响车站正常秩序。

**服务技巧**

在遇到这类容易激动，比较急躁，又对铁路规章制度没有清晰认识，甚至素质较低的旅客时，工作人员应该遵守原则，且语气委婉地告知旅客重新购票。先尝试依法说服，言谈间注意谦让，不要激怒他们；若无效，保持适宜的情绪状态，将其礼貌劝退，避免起口角争执。万一出现矛盾，要尽量回避，学会保护自己的安全，不主动迎难而上，寻求安保和铁警帮助。

**案例分析十一**

4月2日，一辆重庆开往广州的列车由于躲避过往列车，在中途停车等待。由于天气闷热，列车的环境立即变得非常憋闷，有些旅客按捺不住着急的心情，开始抱怨起来。经验丰富的列车长预计等待的时间不会很短，如果让旅客无聊地等下去，可能会因情绪不佳引发矛盾。她立即召集所有列车员开会，为列车的特殊服务出谋划策。随后，列车长带领组员们尝试用更人性化互动的方式与旅客进行沟通，真诚主动地关注旅客的感受和需求。首先，列车组如实传递给旅客临时停车的原因及等待时间，耐心回答每位旅客的问题。列车长特意打破常规，没有用严谨格式的语音广播信息，而是用平实通俗的语言如拉家常一般向旅客及时通报最新信息，拉近列车组和旅客的距离，赢得旅客的理解。随后，列车组即兴在列车上开展小活动，由旅客品尝列车员调制的"自助饮料"，并猜是由哪几种果汁混合而成，旅客表现出极大的兴趣和参与热情，枯燥的等待立刻变得精彩纷呈，获得奖品的旅客还兴致勃勃地表演了小节目。漫长的等待时光在欢声笑语中悄悄溜走。当列车长广播还有五分钟列车便重新开动时，旅客已在车上等了近三个小时。当列车组向旅客们表达真诚的谢意时，列车里早已是掌声一片。

**事件分析**

案例中，由于不可抗力的因素，旅客必须承担长时间等待和天气闷热的后果，与旅客的快捷、顺畅、舒适心理大相径庭。列车组成员的处理方式富有温情和智慧，细心照顾到了旅客的情绪变化，用游戏、零距离播报信息等更加主动的人性化服务，化解了冲突。

**服务技巧**

旅客在旅行中都有快捷、顺畅、舒适的心理。遇到天气比较热的情况，对于行程时间和空调、饮料等设备物资的供应更是有较高的需求。列车在运行中由于意外而不利于满足旅客需求时，工作人员要及时观察到旅客的情绪变化，注意特殊旅客的特殊需求，通过礼貌真挚的言语和柔和的语调，赢得旅客的谅解，为旅客提供更加温暖的服务环境。

**案例分析十二**

某日，一名外地盲人乘客乘坐火车到达上海后，其亲戚因故没能来接她。乘客在列车员护送下下车，向站台服务员说明情况，希望能将她送上地铁，但服务员以"我们没有这个义务"为理由，拒绝了乘客的要求。

**事件分析**

发现需要帮助的乘客，为他们提供服务是服务人员的本职工作。在面对身有残疾的特殊旅客时，服务人员应提供更为人性化的服务，让乘客感受到良好的服务氛围。旅客提出希望将她送上地铁的需求，服务人员却以"没有这个义务"直接拒绝，说明他没有将旅客利益放在第一位，只图自己省事，服务意识不够强。

**服务技巧**

车站的服务人员要为旅客提供人性化的服务，尤其是面对旅客的特殊请求，要根据实际情况，从旅客心理角度出发，尽可能地为旅客出行提供温暖的服务氛围。

面对案例中的情况，服务人员可以采取如下措施：热情答应旅客要求，在岗位有人的前提下护送安置旅客；同时及时向当班站长汇报，请站长安排站务人员护送旅客前往地铁站，并联系后续车站的服务人员，安排好全程的接应工作。

## 第三节　城际列车客运服务

城际列车，又称城际专列，是指往返于相邻重要城市或城市群之间的客运列车，一般全程运行距离较近、乘车时间较短、途径城市较少，主要用于加强附近城市间的联络，方便周边地区之间的跨市出行和人文交流。搭乘城际列车的旅客，不仅有出游、出差等目的，也可能将其作为通勤的重要工具。工作人员的服务要针对旅客的心理特点，为他们营造更加便捷、高效、人性化的服务环境。

**案例分析十三**

2019年，广深城际铁路宣布：1月21日起，乘客不用提前买票，打开手机上的支付宝小程序就能直接刷码进站。据悉，广深城际铁路全线各站都已支持支付宝扫码乘车。这对往返广深两地的旅客来说，不啻为一个从天而降的春运"大礼包"。

**事件分析**

现在，人们已越来越离不开移动支付，移动支付不仅给人们带来极大便利，更塑造着人们的现代科技生活习惯。可以说，此次广深城际铁路和支付宝的合作，充分考虑了人们既有的消费习惯，让铁路出行也能像乘公交坐地铁一样方便。更贴心的是，由于支付宝已经储存了使用者的身份信息，乘坐广深城际铁路时，只要按照刷脸完成身份认证，就不用再担心忘带身份证，真正实现了仅凭一部手机即可乘车。更进一步，此项举措的推出正值春运大幕拉开之际，这无疑大大提高了进站效率，让票务分配更加快速、有效，有利于缓解春运压力，提高旅客的舒适度。当然，新尝试并不总是完美的。比如，购买一等座需要上车后找乘务员办理补差价手续；和朋友一同乘车，不能提前选座，只能按照系统出票落座等等。这些带给旅客的"不方便"，应成为铁路部门今后改善工作的方向，随着"黑科技"的升级，不断优化铁路服务。

**服务技巧**

城际铁路是相近两城之间密切联系的纽带。部分乘客甚至将其作为日常通勤的交通工具，这类旅客对列车时间比较了解，时间观念强，在顺畅性、快捷性、方便性方面，相关需求更为迫切。如，旅客希望在售票、进站、出站各个环节都可以顺畅进行，尽可能减少排队等待的时间,处处、时时、事事方便。因此,相关的客运服务管理要从旅客需求角度出发,借助科技的进步,优化车站、线路的各类服务设施设备,提高车站和列车运营的效率,给予旅客舒适的乘车体验。

**案例分析十四**

2012年8月4日,由天津开往北京南的城际列车,在天津站于7点33分开车。7点43分,列车因断电在区间临时停车,其原因是全列空调系统故障停止运转。列车长及时通知餐服员将电台调至1频,并且立即组织全体乘务人员安抚旅客情绪。随后,经机械师抢修,故障排除。机械师通知列车长准备关闭车门,经列车长确认旅客安全后,摘取防护网,关闭车门,恢复列车运行。随后机车乘务员、列车长、车辆机械师分别向各主管部门进行汇报。

**事件分析**

城际列车遇故障短暂停车,旅客的心理状态容易出现波动,按时到达和追求舒适环境的心理不能完全得到满足。列车工作人员及时调频安抚旅客情绪,并进行故障排除,是针对突发情况而采取的迅速有效的处理措施。在列车恢复运行时,列车长确认旅客安全后,方才运行。

**服务技巧**

城际列车的客运服务要注重旅客对于时间、环境、安全性等方面的心理需求。列车出现突发状况后,列车的工作人员要及时高效地解决问题,尽快恢复列车的正常运行。针对旅客地域、出行目的等方面的特点,为旅客提供更为人性化的服务,在服务过程中,密切关注旅客需求,保持自身和旅客的情绪稳定,秉持良好的服务态度。

# 参 考 文 献

[1] 孙时进,王金丽.心理学概论[M].上海:复旦大学出版社,2012.

[2] 亚里士多德.亚里士多德选集:伦理学卷[M].苗力田,译.北京:中国人民大学出版社,1999.

[3] 勒内·笛卡尔.论灵魂的激情[M].贾江鸿,译.北京:商务印书馆,2016.

[4] 赵敦华.西方哲学简史(修订版)[M].北京:北京大学出版社,2018.

[5] 彭聃龄.普通心理学[M].5版.北京:北京师范大学出版社,2019.

[6] 查尔斯·达尔文.物种起源[M].苗德岁,译.江苏:译林出版社,2018.

[7] 爱德华·铁钦纳.系统心理学:绪论[M].李丹,译.北京:北京大学出版社,2011.

[8] 威廉·詹姆斯.心理学原理[M].唐钺,译.北京:北京大学出版社,2013.

[9] 西格蒙德·弗洛伊德.自我与本我[M].林尘,张唤民,陈伟奇,译.上海:上海译文出版社,2015.

[10] 林崇德.发展心理学[M].3版.北京:人民教育出版社,2018.

[11] 梁宁建.当代认知心理学(修订版)[M].上海:上海教育出版社,2014.

[12] 戴海琦.心理与教育测量[M].4版.广州:暨南大学出版社,2011.

[13] 王延光.斯佩里:脑—意识相互作用理论形成发展过程[J].自然辩证法通讯,1996(03):55-60.

[14] 迟毓凯.心理学史那点事(十四):"虐狗狂人"巴甫洛夫[J].大众心理学,2014(12):28-30.

[15] 邓铸.实验心理学[M].北京:北京师范大学出版社,2016.

[16] Miller G A. The Magical Number Seven, Plus or Minus Two:Some Limits on Our Capacity for Processing Information. 1956[J]. Psychological Review,1994,101(2):343-352.

[17] 梁宁建.心理学导论[M].上海:上海教育出版社,2011.

[18] Hall E T. Handbook for Proxemic Research[J]. Anthropology News,1995,36(2):40-40.

[19] Caruso D R,Mayer J D,Salovey P. Relation of an Ability Measure of Emotional Intelligence to Personality[J]. J Pers Assess,2002,79(2):306-320.

[20] Goleman D. Emotional Intelligence:Why it Can Matter More than IQ[J]. Learning,1996,24(6):217-236.

[21] 叶奕乾.现代人格心理学[M].2版.上海:上海教育出版社,2011.

[22] Zajonc,Robert B. Social Facilitation[J]. Science,1965,149(3681):269-274.

[23] Herzberg F. One More Time:How Do You Motivate Employees? 1968[J]. Harvard Business Review,2003,81(1):87-96.

[24] Gronroos C. Service Management:A Management Focus for Service Competition[J]. International Journal of Service Industry Management,2013,1(1):6-14.

[25] Lodahl T M,Likert R. New Patterns of Management[J]. Industrial & Labor Relations Review,1961,17(2):336.

[26] Maslow A. Motivation and personality[M]. Beijing:China Social Sciences Publishing House,1999.

[27] 金盛华.社会心理学[M].2版.北京:高等教育出版社,2010.

[28] 高觉敷.西方心理学史论[M].安徽:安徽教育出版社,1995.

[29] 朱晓宁.旅客运输心理学[M].北京:中国铁道出版社,2013.

[30] 叶浩生.西方心理学理论与流派[M].广东:广东高等教育出版社,2004.

[31] 吉姆·维斯.人体错觉中的科学[M].蔡和兵,译.上海:上海科学技术文献社,2010.

[32] 赫尔曼·艾宾浩斯.记忆的奥秘[M].王迪菲,译.北京:北京理工大学出版社,2013.

[33] 朱小瑶.城市轨道交通运营心理学[M].北京:中国铁道出版社,2013.

[34] 马丽华,梁丽,王郁葱.客运心理与礼仪[M].北京:中国铁道出版社,2000.

[35] 上海铁路局客运处职工教育处.动车组列车客运服务案例[M].北京:中国铁道出版社,2015.